职业教育智慧教学研究

李瑞芹　张　永　著

吉林文史出版社

图书在版编目（CIP）数据

职业教育智慧教学研究 / 李瑞芹 , 张永著 . -- 长春：吉林文史出版社 , 2024. 6. -- ISBN 978-7-5752-0333-3

Ⅰ . G712.0

中国国家版本馆 CIP 数据核字第 20249VT937 号

ZHIYE JIAOYU ZHIHUI JIAOXUE YANJIU

职 业 教 育 智 慧 教 学 研 究

出 版 人：张　强

著　　者：李瑞芹　张　永

责任编辑：刘姝君

出版发行：吉林文史出版社

电　　话：0431-81629357

地　　址：长春市福祉大路5788号

邮　　编：130117

印　　刷：吉林省吉盛印业有限公司

开　　本：710mm×1000mm　1/16

印　　张：11.5

字　　数：180千字

版　　次：2025年1月第1版

印　　次：2025年1月第1次印刷

书　　号：ISBN 978-7-5752-0333-3

定　　价：58.00元

前　言

在当今飞速发展的社会中，职业教育作为培养具备实际操作技能的专业人才的关键途径，受到了越来越多的关注。随着社会经济的不断进步，人们对职业教育的需求也在不断提升。在这个背景下，智慧教学作为职业教育的一项重要战略，逐渐引起了广泛的关注，得到了深入的研究。

职业教育智慧教学研究不仅是对传统教育模式的一次颠覆，更是对教育理念的一次深刻反思。传统的职业教育往往注重理论知识的灌输，而智慧教学强调实践与理论相结合，注重学生的实际操作能力。这种转变不仅要求教育者改变教学方式，更要示学生具备更高层次的学习能力，主动参与知识的获取和实践。

在职业教育智慧教学研究中，我们需要关注教育技术的不断创新和发展。智慧教学借助现代技术手段，使教学变得更加灵活和个性化。通过引入虚拟现实、人工智能等技术，教育者能够创造更为真实、丰富的教学场景，增强学生的学习体验，同时也为学生提供了更多自主学习的机会，激发了他们的学习兴趣和创新思维。

职业教育智慧教学研究也需要深入挖掘学科知识与实际应用的融合。传统教学往往将理论和实践分隔开来，而智慧教学强调知识的整合和应用。教育者应该注重培养学生对所学知识的实际运用能力，使他们能够在职场中游刃有余。这不仅需要教育者具备跨学科的知识背景，更需要他们关注行业的发展趋势，及时调整教学内容，使之与职业实际需求保持一致。

职业教育智慧教学研究还需重视学生个体差异的考量。每个学生都是独特的个体，具有不同的学习风格、兴趣和潜能。智慧教学应该借助技术手段，实现个性化教学，满足学生多样化的学习需求。通过分析学生的学习数据和行为，个性化教学系统能够为每个学生量身定制适合他们的学习路径，增强教学效果。

在职业教育智慧教学研究中，我们需要持续关注国际前沿的教育理念和经验。世界各国在职业教育领域都有着丰富的实践经验，通过学习和借鉴他们的成功经验，我们能够更好地完善我国的职业教育体系，提高教育质量。

职业教育智慧教学研究是一个复杂而系统的过程，需要综合教育技术、学科知识、个性化教学和国际经验等多个方面的因素。只有将这些因素有机结合，职业教育才能适应社会的需求，为学生的职业发展提供全面和有效的支持。

目　录

第一章　职业教育智慧教学的理论基础

第一节　职业教育智慧教学的概念

一、职业教育的界定

职业教育作为一种关键的人才培养体系，旨在为学生提供未来工作所需的实用技能和职业素养。这一教育形式不同于传统的学科教育，更侧重于将理论知识与实际操作相结合，以满足不同行业和职业领域的专业需求。

职业教育的核心目标在于将学生培养成能够胜任特定职业的专业人才。通过系统的课程设置和实践性的教学方法，学生不仅能够掌握相关领域的知识，还能够在真实工作场景中运用所学，提高实际操作能力。这种教育模式注重培养学生的职业素养，使其具备适应职场环境、解决实际问题的能力。

职业教育的实践不同于传统教育的单一学科，它更注重跨学科的融合。通过整合不同学科的知识，学生能够更全面地理解和应用所学内容。这种跨学科的特点使得职业教育更具综合性，能够更好地满足复杂多变的职业需求。

职业教育的实施需要与各行业密切合作。通过与企业、行业协会等合作，学校能够更好地了解当前职业领域的实际需求，调整教学内容，使之更符合职业发展的趋势。这种紧密的合作关系也为学生提供了更多的实习和就业机会，增强了他们在未来职业市场中的竞争力。

与传统教育相比，职业教育更加注重实践性的培养。在实际操作中，学生能够更深入地理解和掌握所学知识，培养解决实际问题的能力。这种实践性的特点使得职业教育更贴近职业实际，有助于学生在未来更顺利地融入工作岗位。

职业教育的发展也面临一系列的挑战。随着科技的不断进步，职业领域的知识更新速度加快，职业教育需要不断调整课程，始终与时俱进。同时，培养教师队伍也是一个关键问题，需要学校加强对教师的培训，促进其专业发展。

职业教育作为一种能够为学生提供实用技能和职业素养的教育形式，对培养适应职场需求的专业人才具有重要意义。通过跨学科的融合、紧密的产业合作及实践性的培养，职业教育将为学生带来全面和实用的教育体验，促使其适应未来的职业发展。

职业教育智慧教学是一种在信息技术蓬勃发展的时代背景下崛起的教学理念。这一概念融合了先进的教育技术、创新的教学方法及实际职业应用的需求，致力于促进学生全面发展，培养其适应快速变化的职业环境的能力。

二、智慧教学的界定

智慧教学是一种以利用现代科技手段为基础，致力于增强教学效果和学习体验的教学方法。它的本质在于将技术与教学相结合，以激发学生的学习兴趣和提高他们的学习成效。在智慧教学中，教师不再是传统意义上的知识传授者，而是学生学习过程中的指导者和促进者。智慧教学的核心理念在于借助技术手段，创建出更具互动性、个性化的学习环境，从而实现教育的个性化和差异化。

首先，智慧教学强调学习的主动性和参与性。利用多媒体、互联网等技术手段，教师可以整合丰富多彩的教学资源，为学生带来更加生动、直观的学习体验。例如，利用视频、动画等形式呈现教学内容，可以激发学生的好奇心和求知欲，使他们更加积极地参与学习过程。

其次，智慧教学注重个性化和差异化教学。每个学生都有自己的学习特点和学习需求，传统的一刀切式教学往往难以满足不同学生的需求。而智慧教学通过技术手段，实现了教育的个性化定制。例如，智能教学系统可以根据学生的学习情况和能力水平，为他们量身定制学习计划和教学资源，使每个学生都能够在适合自己的学习节奏下取得更好的学习效果。

再次，智慧教学强调合作与互动。在传统的教学模式中，学生往往是被动接受知识，缺乏与他人交流和合作的机会。而在智慧教学中，利用网络平台和社交软件等工具，可以促进学生之间的交流和合作，使他们能够共同探讨问题、分享经验，从而增强学习效果，培养其团队合作的能力。

最后，智慧教学注重反馈和评估。传统的教学模式中，教师往往难以及时了解学生的学习情况和问题，而智慧教学通过技术手段实现了学习过程的实时监测和反馈。例如，在线测验和作业系统可以及时了解学生的学习进度和掌握情况，为教师提供及时有效的反馈，帮助他们更好地调整教学策略和方法。

智慧教学是一种以利用现代科技手段为基础，注重学生主动参与、个性化定制、合作互动和实时反馈的教学方法，旨在增强教学效果和学习体验，实现教育的个性化和差异化。

三、职业教育智慧教育的界定

职业教育智慧教学的本质在于整合先进科技与实际教学。通过将最新的信息技术融入教学设计，职业教育智慧教学能够打破传统教育的时空限制，给学生带来更加灵活、个性化的学习体验。这种教学理念不仅注重知识传递，更注重培养学生的创新思维和解决实际问题的能力。

职业教育智慧教学注重学生的主动参与和实践体验。通过引入项目驱动的学习、布置实践性的任务和模拟情境，学生得以在真实的职业环境中应用所学知识。这种教学方式不仅激发了学生的学习兴趣，还有助于培养他们在职业中灵活应对各种情况的能力。

职业教育智慧教学的核心是个性化学习。智能化的教学系统能够根据学生的学习风格、兴趣和水平，提供个性化的学习路径和资源。这样的个性化学习不仅满足了学生多样化的学习需求，还有助于激发他们的学习动力，提高他们的自主学习能力。

职业教育智慧教学关注学生综合素养的培养。除了专业知识，该教学理念还注重培养学生的创新能力、团队协作精神、沟通表达能力等综合素养。通过多元化的教学手段，职业教育智慧教学为学生提供了更多发展维度，学生能够在职业领域更具竞争力。

职业教育智慧教学不仅是一种教学方式，更是对传统教育模式的一种革新。它打破了传统课堂的局限，创建了一个开放、互动的学习环境，使学生能够在真实、复杂的职业背景中发展他们的技能和能力。

职业教育智慧教学是一种以学生为中心、注重实践和个性化发展的教学理念。通过整合先进的教育技术、创新的教学方法和实际职业应用的需求，它为培养具有全面素养、适应未来职业挑战的新一代人才提供了全新的可能。

综上，职业教育智慧教学可以定义为利用先进的教育技术和教学方法，针对特定行业或职业培养学生实用技能和知识的教学模式。它旨在提高教学效率和质量，以满足现代职业教育的需求，并促进学生在特定领域的职业发展，为他们提供就业机会。

第二节　教育技术与职业教育智慧教学的融合

一、教育技术与职业教育智慧教学的融合基础

（一）教育技术的演变

随着科技的迅猛发展，教育技术在过去几十年里经历了翻天覆地的

变化，对职业教育而言，智慧教学是不可或缺的融合基础。教育技术的演变是一个持续创新和不断突破的过程，从最初的传统课堂到如今的智能课堂，这一变革深刻地影响了职业教育的模式和方法。

过去，职业教育主要依赖于传统的面对面教学方式，学生在教室里接受知识，依赖教材和教师的解释。然而，随着信息技术的崛起，教育技术悄然改变着这一格局。电子教学材料的引入使学习资源得以数字化，学生可以通过多媒体手段更生动地获取知识。这标志着教育技术从单一的传统模式的多元化教学模式转变，为职业教育注入了新的活力。

智慧教学的兴起进一步推动了教育技术的演变。通过引入人工智能、大数据和云计算等技术，教育过程变得更加个性化和灵活。智慧教学能够根据学生的学习情况和需求进行个性化的教学设计，并提供实时的反馈和指导。这种以学生为中心的教学模式改变传统教育中的一刀切模式，使得职业教育更加贴近实际需求，培养更符合市场需求的专业人才。

与此同时，教育技术的演变也在培养学生的创新和实践能力方面发挥了积极作用。虚拟实验室、模拟实训等技术手段的引入使得职业教育不再局限于课堂，学生可以在虚拟环境中进行实际操作，提高实际技能。这种基于技术的实践培训有助于学生更好地适应未来职业的发展需要，为他们的职业生涯奠定坚实的基础。

教育技术的演变为职业教育提供了更为丰富的教学手段和方法。智慧教学的融合不仅使教育更加个性化和灵活，也培养了学生更多的实际技能。这一变革促使职业教育更好地适应社会发展的需求，为学生的未来职业生涯打下坚实的基础。

（二）职业教育智慧教学的理论基础

1.教育技术与认知理论的关系

教育技术与认知理论之间存在一种深刻的相互关系，二者共同构建了职业教育智慧教学的理论基础。教育技术在这一理论框架下被视为促进学习的有力工具，而认知理论为教育技术的设计和应用提供了理论依据。

认知理论强调学生在接受知识时是主动参与的。通过对个体思维和认知过程的研究，认知理论揭示了学生在知觉、记忆、思考、解决问题等方面的心理机制。这为职业教育智慧教学提供了理论基础，使教育者能够更好地理解学生学习的本质，并在教学设计中更好地考虑学生的认知特点。

教育技术在职业教育智慧教学中的作用体现在多个方面。教育技术为认知理论的实践提供了有效的工具。通过利用虚拟实境、模拟软件等先进技术，教育者能够创建出更加真实、贴近职业实际的学习环境，使学生能够更好地将抽象的理论知识与实际工作场景相结合，拓宽学习的深度和广度。

教育技术在智慧教学中促进了个性化学习。采用智能化的学习系统，教育者可以根据学生的学科兴趣、学习风格等个体差异，提供个性化的学习资源，布置满足个体需求的任务。这有助于激发学生的学习兴趣，增强学习效果，同时满足学生不同的认知需求。

教育技术还能够加强学生之间的互动和合作。通过在线平台、协作工具等技术手段，学生能够在虚拟环境中进行实时的交流与合作，帮助他们在解决问题、完成任务的过程中共同构建知识。这符合认知理论中合作学习的理念。通过共同建构知识，学生能够更好地理解和应用所学内容。

教育技术在职业教育智慧教学中还能够为教育者提供有效的评估工具。通过数据分析、智能评价系统等技术手段，教育者可以更全面、客观地了解学生的学习状态和水平，为个性化的指导提供依据，教学过程能够更加灵活和精准。

教育技术与认知理论的有机结合构建了职业教育智慧教学的理论基础。认知理论为教育技术的设计和应用提供了理论指导，强调学生的主动性和个体差异。教育技术则通过创新的手段和工具，有效地促进了认知理论的实践，使职业教育智慧教学更加贴近学生的认知需求，为培养具备实际应用能力和职业素养的学生提供了强有力的支持。

2.职业教育智慧教学的理论支持

职业教育智慧教学的理论支持源于多个学科领域的理论基础，这些理论共同构建了一个以实践为导向、注重个性化学习和多元评估的教学框架。建构主义理论强调学生在主动参与实际项目和解决问题的过程中构建自己的知识体系。认知学习理论凸显了学生在实际经验中积累的知识和技能对学习的重要性。情境学习理论则强调将学习嵌入真实的职业环境，使学生在实践中获得更深刻的理解。个性化学习理论强调根据学生的个体差异制订教学计划，以促进其全面发展。

建构主义理论认为学生能够在主动参与实际项目和解决问题的过程中更好地构建自己的知识结构。在职业教育智慧教学中，这一理论得到了充分的应用。通过引入虚拟实境、模拟实验和在线合作等实践手段，学生能够在实际的职业场景中应用理论知识，从而更深刻地理解和掌握相关概念。这样的学习方式不仅提高了学生的实际操作能力，还促使他们主动构建知识，奠定更为牢固的学科基础。

认知学习理论强调学生在实际经验中积累的知识和技能对学习的关键作用。职业教育智慧教学注重学生参与实际项目，从而在实践中应用所学知识。这种方式能够使学生在真实的职业环境中获得丰富的经验，使抽象的理论知识变得更加具体和实用。这与传统课堂教学偏向理论灌输的方式形成鲜明对比，使得学生更容易将所学知识转化为实际操作的能力。

情境学习理论强调将学习嵌入真实的职业环境，以便学生在实践中获得更深刻的理解。在职业教育智慧教学中，通过模拟实际职业场景、引入实际项目，学生能够更好地理解所学知识在职业实践中的应用。这种理论支持使得教学更具贴近实际的特点，能够帮助学生获得更好地适应未来职业发展所需的技能和素质。

个性化学习理论强调根据学生的个体差异制订教学计划，以促进其全面发展。在职业教育智慧教学中，个性化学习理论得到了充分体现。通过对学生的兴趣、学科特长、学习风格等方面的个性化了解，教育者能够为每个学生制定个性化的学习路径，更好地满足其学习需求。这种个性化的教学方式不仅激发了学生的学习兴趣，还增强了教学的针对性和实效性。

职业教育智慧教学的理论支持来自建构主义、认知学习、情境学习和个性化学习等多个学科领域的理论基础。这些理论相互交融，共同构建了一个以实践为导向、注重个性化学习和多元评估的教学框架，为培养学生在职业领域中具备实际能力提供了有力支持。

二、融合教育技术与职业教育智慧教学的策略、挑战与发展方向

（一）融合策略

教育技术与智慧教学的融合是当前教育领域的一项关键战略。这一融合涉及多个层面，需要综合考虑教学目标、学生需求及技术创新。关注教育技术与智慧教学的融合，需明确教学设计的核心理念。这并非是仅仅将技术引入课堂，而是充分理解学生的学习需求，并在此基础上灵活运用各类技术工具。

教育技术与智慧教学的融合需要建立有效的教学模型。这一模型应当充分考虑学生的个体差异，并通过技术手段实现个性化的教学。个性化不仅是指定制的学习计划，更是通过智能化系统对学生的学习风格、进度和能力进行动态调整，以达到更好的教学效果。

同时，教育技术与智慧教学的融合需要注重教学资源的优化与整合。这包括数字化教材的开发、在线学习平台的搭建教学应用的智能化设计。有效整合这些资源，可以提供更为丰富、灵活的学习体验，使学生能够更主动地参与教学过程。

教育技术与智慧教学的融合也需要加强教师队伍的培训。教师在运用技术的过程中，需要具备相关的技能和知识。培养具备教育技术素养的教师队伍，提高其运用智慧教学手段的能力，是促使融合取得成功的重要一环。

教育技术与智慧教学的融合不仅是一次创新，更是一个迭代的过程。在实践中，需要不断积累经验，及时调整教学策略，以适应不断变化的学科发展和技术更新。这种持续的改进与创新是确保教育技术与智

慧教学融合能够真正发挥效果的关键所在。

教育技术与智慧教学的融合需要基于深刻的教学理念，构建有效的教学模型，整合优化教学资源，加强都师队伍培训，并注重持续的改进与创新。这样的综合策略有助于推动教育领域的发展，增强学生的学习体验和教学效果。

（二）挑战

职业教育智慧教学在融合教育技术的过程中面临一系列挑战，同时也呈现出广阔的未来发展方向。这一融合涉及理念、技术和实践的协同发展，对教育者、学生和技术开发者提出了新的需求，也提供了机遇。

融合教育技术与职业教育智慧教学需要克服的一个挑战是技术与教学目标的有效衔接。虽然教育技术提供了丰富的工具和平台，但如何将这些技术有效地融入职业教育智慧教学，使之与教学目标紧密衔接，仍然是一个亟待解决的问题。需要进一步深化教育者对技术的理解，以更好地指导技术的应用，使其真正服务于教学的核心需求。

融合中还涉及如何保障学生的个体差异和个性化需求。技术在提供个性化学习支持的同时，也可能带来数据隐私和安全性的问题。应对这一挑战需要在技术设计中更加重视对个体差异的尊重，遵循保护学生隐私的原则，确保技术的发展不仅能够满足个性化学习的需求，还能够保障学生的权益和隐私。

融合中还需要教育者与技术开发者之间加强协作。教育者应积极参与技术设计和开发过程，向技术开发者提供实际教学需求和反馈，以确保技术的有效性和可持续性。技术开发者也需要更深入地了解教育领域的需求，主动倾听教育者的声音，使技术更贴近实际教学场景。

（三）发展方向

发展方向主要体现在创新技术的不断引入和教学模式的不断深化。人工智能、虚拟现实、增强现实等新兴技术将进一步融入职业教育智慧教学，为学生带来更为真实、全面的学习体验。教学模式将更加注重跨学科融合、项目化学习等创新教学方法，促使学生更好地将理论知识应用于实际工作场景，培养他们的实际操作能力和团队协作精神。

未来发展还需要更深入地挖掘数据的潜力。大数据、数据分析等技术将为教育者提供更为全面的学生信息和学习情境，从而更好地指导教学决策。同时，也需要加强对数据伦理和隐私保护的研究，确保数据的合理使用和安全。

融合教育技术与职业教育智慧教学既面临一系列挑战，也呈现出广阔的未来发展方向。克服技术与教学目标的有效衔接、保障学生的个体差异和隐私权益、加强教育者与技术开发者的协作及引入创新技术和深化教学模式，可以更好地推动这一融合进程，为职业教育智慧教学的发展注入活力。

第三节 职业教育智慧教学的理论框架

一、职业教育智慧教学理论基础

（一）教育理论与职业教育智慧教学

教育理论与职业教育智慧教学相辅相成，前者为后者提供了深刻的理论支持和指导。教育理论的多元性为职业教育智慧教学提供了丰富的理论基础，帮助其构建了一个注重实践、个性化和多元评估的教学框架。

行为主义理论强调学习是一种对刺激做出反应的过程，通过奖励和惩罚形成条件反射。在职业教育智慧教学中，这一理论促使教育者通过模拟实际职业场景、引入实际项目等方式，刺激学生的实践反应，从而强化他们的职业技能。行为主义理论在培养学生实际操作能力方面发挥了积极作用。

建构主义理论认为学习是一个个体通过实际参与、交互和思考建构知识的过程。在职业教育智慧教学中，建构主义理论鼓励学生通过参与实际项目、解决问题的方式，构建自己的知识结构。这一理论强调了学生在实践中的角色，使教学更加注重学生主动参与和知识建构的过程。

认知学习理论强调学生通过思考、记忆和解决问题来获得知识。在职业教育智慧教学中，认知学习理论推动教育者注重培养学生的分析和解决问题的能力。通过引入虚拟实境、模拟实验等手段，学生能够在实际的职业环境中思考和应用所学知识，促进他们认知能力的提升。

情境学习理论认为学习的最佳方式是将知识嵌入具体情境，使学生能够更好地理解和应用。在职业教育智慧教学中，情境学习理论推动教育者将学习融入真实的职业环境，通过模拟实际场景、引入实际项目等方式，帮助学生更好地理解理论知识，并将其应用于实际工作。

个性化学习理论认为每个学生都具有独特的学习需求和风格，应该根据个体差异制订教学计划。在职业教育智慧教学中，个性化学习理论使得教育者更注重了解学生的兴趣、学科特长、学习风格等个体差异，为他们提供个性化的学习路径，从而更好地促进学生的全面发展。

教育理论为职业教育智慧教学提供了丰富的理论支持，为构建注重实践、个性化和多元评估的教学框架提供了理论指导。这些理论不仅丰富了教育理念，还帮助职业教育更好地适应社会发展和学生需求，为学生未来的职业发展提供了坚实的理论基础。

（二）认知科学与职业教育智慧教学

1.认知科学原理与教学设计

认知科学原理在教学设计中扮演着关键角色。理解学生的认知过程是设计有效教学的基石。在职业教育的智慧教学理论框架中，认知科学原理被运用得淋漓尽致。关注学生的知觉和注意力，以确保教学内容能够引起学生的兴趣并被其有效吸收。通过强调记忆和记忆的再现，教学设计致力于提升学生对职业技能和知识的长期记忆和应用能力。在这一框架下，教学注重的不仅是知识的传递，更是如何激发学生的思维和创造力。

智慧教学理论框架强调个性化学习，认知科学原理提供了理论支持。个体差异在学习过程中是不可避免的，教学设计需要考虑学生的认知差异。通过对学生学习风格和能力的深入了解，教学可以更贴近个体需求，实现个性化教学目标。这种基于认知科学原理的个性化教学理念为职业教育提供了更为切实可行的实施方案。

智慧教学理论框架中的反馈机制与认知科学原理相得益彰。认知过程需要及时的反馈来加深学生对知识的理解。在职业教育中，反馈不仅关乎学生答案的正确与否，更涉及他们对职业技能的实际掌握程度。通过引入智能化系统，教学设计能够更加敏锐地捕捉学生的学习状态，并及时提供个性化的反馈，促使学生更深层次地理解和运用所学知识。

智慧教学理论框架中强调实践与理论的结合，认知科学原理为这一理念提供了坚实的基础。职业教育的目标在于培养学生实际运用所学知识的能力，而不仅是被动地接受理论。通过将理论知识与实际工作场景相结合，教学设计能够更好地满足职业教育的实际需求，为学生的职业发展奠定基础。

认知科学原理在职业教育智慧教学理论框架中具有不可替代的作用。这一原理为教学设计提供了深刻的理论支持，使得教学更注重学生的认知过程，强调个性化学习、反馈机制以及实践与理论的有机结合。这一理论框架的运用将有助于职业教育的不断创新与发展。

2.认知负荷理论在智慧教学中的应用

在职业教育智慧教学的理论框架中，认知负荷理论的应用是一个关键因素。认知负荷理论强调学生在面对新的信息时所承受的认知负荷，以及如何通过有效的教学策略降低负荷、增强学习效果。在智慧教学中，这一理论为优化教学设计、提高学习效能提供了理论指导。

认知负荷理论在智慧教学中的应用体现在合理分配注意力资源。在教学设计中，通过减少冗余信息、优化教学材料的呈现方式，有效减小学生的认知负荷。合理分配注意力资源，使学生更集中精力于关键信息的学习，有助增强提高学习效果。

认知负荷理论还可在设计任务和活动时提供指导。合理设置任务难度，根据学生的水平和经验调整任务复杂度，有助于平衡认知负荷。在职业教育中，这意味着可以根据学生的实际水平和职业需求，设计符合其认知能力的学习任务，提高任务完成的效率和质量。

认知负荷理论强调在教学过程中引导学生进行深加工。提供有挑战性的学习任务，激发学生的思考和分析能力，可以降低表层加工所带来的认知负荷，促使学生更深入地理解和应用知识。这一原则在职业教育中尤为重要，因为职业教育的目标是培养学生的实际应用能力，而不仅是记忆和重复性的学习。

认知负荷理论对教学材料的设计提出了要求。在智慧教学中，采用多媒体、模拟软件等技术手段时要注意避免信息过载，使学生能够更好地处理和吸收信息。这需要精心设计教学材料的呈现方式，注重清晰、简洁、直观的表达，以减小学生的认知负荷。

认知负荷理论还指导教育者在个性化教学中的操作。通过了解学生的认知水平和学习特点，教育者可以有针对性地调整教学策略，为不同学生提供个性化的支持。这有助于更好地满足学生的学科兴趣和认知需求，增强个体学习效果。

认知负荷理论在智慧教学中的应用为职业教育提供了有益的指导。通过合理分配注意力资源、设计合适难度的任务、引导深加工、精心设计教学材料、实施个性化教学，教育者可以更好地减小学生的认知负荷，增强学习效果，实现职业教育的智慧化。

二、职业教育智慧教学理论框架的实践与深化

（一）智慧教学框架的构建

智慧教学框架的构建是一项复杂而精密的工程，要建立一个有效的智慧教学系统，需考虑多方面的因素。教学框架的构建需要充分考虑不同学科领域的特点，以满足不同领域教学的需求；需要整合先进的科技手段，以提供更丰富、多样的教学资源和工具；需要注重个性化学习，充分考虑学生的差异，提供个性化的学习路径；需要强调多元评估，通过不同方式和角度对学生的学习过程和成果进行评估，以更全面地了解

学生的学业情况。

在构建智慧教学框架时，首要考虑的是学科特点。不同学科领域有着各自独特的知识结构和学科规律，智慧教学框架的设计应当充分考虑这些特点。在不同学科领域，教学框架可以通过引入相应的实践活动、案例分析和模拟实验等手段，使学生更好地理解和应用所学知识。针对不同学科的需求，设计不同形式的在线合作和交流平台，促使学生在学科专业领域内展开深入合作，共同探讨问题。

智慧教学框架的构建需要充分整合先进的科技手段。通过引入虚拟实境、人工智能、数据分析等技术，为教学提供更为丰富和创新的手段。虚拟实境技术能够模拟真实的职业场景，让学生在虚拟环境中进行实际操作，提升他们的实际技能。人工智能技术可以根据学生的学习表现提供个性化的学习建议，使教学更贴合学生的需求。数据分析技术则能够帮助教育者更全面地了解学生的学习情况，为个性化教学提供支持。

智慧教学框架的构建需要注重个性化学习。个性化学习强调根据学生的兴趣、学科特长、学习风格等方面的个体差异，为每个学生提供个性化的学习路径。在智慧教学框架中，可以通过学生学习数据的分析，为其制订符合个体需求的学习计划，提供个性化的教学资源，从而激发学生的学习兴趣，增强学习效果。

构建智慧教学框架需要强调多元评估。传统的考试评估方式难以全面准确地反映学生的学业水平，多元评估则包括多种形式，从不同的角度和维度对学生进行评价。引入实际项目的综合评估、学生参与合作的贡献评估等手段，可以更全面地了解学生的学习过程和成果，为教育者提供更为丰富的评估信息，促使学生在解决实际问题时展现出更多的综合素质。

构建智慧教学框架需要兼顾学科特点、整合先进科技手段、注重个性化学习和强调多元评估。这一框架的建立不仅有助于提高教学质量，更能够培养学生更全面的素质，使其更好地适应未来社会和职业的需求。

（二）技术整合与虚拟学习环境

在职业教育的智慧教学理论框架中，技术整合与虚拟学习环境是关键的组成部分。技术整合旨在将多种技术工具有效地融入教学，以增强学习效果。虚拟学习环境则通过模拟真实工作场景，为学生带来更为真实的学习体验。这两者的融合组成了一个更为综合和创新的教学理念。

技术整合的关键在于充分挖掘不同技术工具的潜力。在职业教育中，可以整合虚拟实验室、在线模拟工作场景等技术手段，以提供更为丰富和实用的学习资源。这不仅包括数字化教材，更涉及对虚拟学习工具的巧妙运用，学生能够更直观地理解和应用所学知识。

虚拟学习环境的引入丰富了职业教育的教学模式。通过虚拟学习环境，学生可以在模拟的工作场景中进行实际操作，提高实际技能。这种实践性的学习能使学生更好地适应未来职业的发展需求，培养更为符合市场需求的专业人才。同时，虚拟学习环境也促使学生更加主动地参与学习过程，激发了学习的兴趣。

在技术整合与虚拟学习环境的融合下，教学设计需要强调个性化学习。通过智能化系统的支持，教学可以根据学生的学习风格和需求进行动态调整，实现个性化的教学目标。这种个性化学习的理念更贴近学生的实际需求，使得教学更具针对性和实效性。

技术整合与虚拟学习环境的融合需要注重对教师队伍的培训。教师在运用技术的过程中，需要不断提升自己的技术素养，熟练掌握虚拟学习工具的使用方法。只有这样，教师才能更好地引导学生利用技术资源，实现更有效的学习。

技术整合与虚拟学习环境的融合构建了职业教育智慧教学的理论框架。这一框架注重技术在教学中的全面运用，增强了学习的实际效果。通过虚拟学习环境的创新，学生能够在模拟的工作场景中更为深入地理解和应用所学知识。这一理论框架的运用有助于促进职业教育的不断创新与发展。

第四节 职业教育智慧教学的历史发展与趋势

一、职业教育智慧教学发展的历史

（一）起源和萌芽阶段

改变源于人类对知识传授方式的不断探索和创新。职业教育智慧教学的历史发展可追溯至古代文明时期。在人类社会的起源和萌芽阶段，职业教育虽未被明确界定，但职业技能的传承与教授已经存在于各种手艺传承、徒弟制度及师徒传授的形式中。古代文明时期，比如古埃及的建筑师、古希腊的医师等职业的学徒制度，就是职业教育智慧教学的最早形式之一。

随着社会的发展，中世纪的行会制度成为了职业教育智慧教学的重要载体。在这个时期，各种行业组织纷纷成立，聚集了同一职业的从业者。行会通过内部的徒弟制度，将职业技能代代相传，实现了技艺的传承和积累。同时，行会还建立了一套完整的职业规范和伦理准则，使得职业教育不仅是技能的传授，更是品德与职业素养的培养。

到了工业革命时期，职业教育智慧教学迎来了新的挑战与机遇。工业化的迅速发展使得技术工人和操作人员的需求急剧增加，为了满足工业发展的需要，各种职业学校和技术学院相继设立。这一时期，职业教育开始注重理论知识与实践技能的结合，培养学生成为既具备专业知识又具备实际工作能力的技术人才。

随着科技的飞速发展，特别是信息技术的进步，职业教育智慧教学进入了数字化时代。虚拟现实、人工智能等技术的应用，为职业教育提供了全新的教学手段和方法。通过虚拟仿真技术，学生可以在安全的环境下进行真实场景的实践操作，极大地提高了教学效率，增强学习体验。同时，人工智能辅助教学系统出现，教学内容能够更加个性化、针对性地进行调整和优化，满足不同学生的学习需求。

　　未来，随着社会的不断发展和职业结构的不断变化，职业教育智慧教学将继续面临新的挑战和机遇。我们需要不断创新教学理念和方法，结合最新的科技手段，为培养适应时代需求的优秀职业人才而努力。只有这样，职业教育才能真正发挥出智慧教学的力量，为社会的可持续发展贡献更多的智慧和力量。

　　（二）技术整合期

　　改变已经是职业教育智慧教学历史发展的一个不可避免的主题。自技术整合成为教育界的关键词以来，职业教育智慧教学也在不断演进和改变。从古代手工艺学徒制到现代虚拟现实技术的应用，职业教育的教学方式在不断创新。

　　在古代，职业教育智慧教学的方式主要是通过师傅与学徒之间的传授和学习来实现。这种传统的教学方式注重实践和经验的传承，但受限于信息传播的速度和范围，教学资源和内容相对匮乏，学徒的学习也相对局限。然而，随着印刷术的发展和书籍的普及，教学资源得到了一定程度的扩展，这为职业教育带来了新的可能。

　　到了工业化时代，职业教育智慧教学迎来了新的挑战和机遇。工业革命的到来带来了大规模的生产和技术进步，对工人的技能要求也随之提高。于是，职业教育开始采用更加系统化和科学化的教学方法，例如职业学校的建立和技术培训的开展。这一时期的职业教育智慧教学虽然仍然以传统的课堂教学为主，但开始注重理论与实践相结合，注重培养学生的实际操作能力。

　　进入信息时代，职业教育智慧教学迎来了巨大的变革。随着互联网的普及和数字技术的发展，教育资源得以全球共享和智能化应用。虚拟现实、增强现实和人工智能等技术的运用，使得职业教育的教学方式更加灵活多样，学生可以通过虚拟实验、在线模拟等方式进行学习，极大地丰富了教学内容和方法。同时，个性化教育和自适应学习系统的出现，也使得教育更加人性化和高效率。

未来，随着科技的不断进步和社会的不断发展，职业教育智慧教学将继续朝着更加智能化、个性化和全球化的方向发展。教育机构和教育者需要紧跟科技的发展，积极探索适合职业教育的智慧教学方法，为学生提供更加优质、个性化的教育服务，以适应社会的需求和挑战。只有不断改变和创新，职业教育智慧教学才能不断走向更加辉煌的未来。

（三）个性化和自适应教学时代

改变已经在教育领域发生了，从传统的一刀切的教学方法逐渐转向个性化和自适应教学。这种转变不仅在学校教育中发生，也在职业教育中得到了广泛应用。在职业教育智慧教学的历史发展过程中，我们可以看到这种变革的脉络。从古至今，人们一直在努力寻求更有效的教学方法，以满足不同学生的需求，而个性化和自适应教学正是这一努力的成果之一。

在过去的几个世纪中，职业教育主要以传统的师生互动为主导，教师依靠教授知识和技能来培养学生。在这种模式下，教学内容和方法往往是固定的，学生需要按部就班地接受教育。然而，随着社会的发展和技术的进步，人们开始意识到每个学生的学习风格和能力都不尽相同，传统的教学方法已经不能满足所有人的需求。

进入20世纪，随着心理学和教育学的发展，个性化教育理念逐渐被提出。个性化教育强调根据学生的兴趣、能力和学习风格来调整教学内容和方法，以增强他们的学习效果。在职业教育领域，这种理念得到了广泛的应用。教育者开始关注学生的个体差异，尝试通过不同的教学策略来满足他们的需求。例如，一些学生可能更适合通过实践来学习技能，而另一些学生更喜欢通过理论课程来掌握知识。个性化教学使得教育更加贴近学生的实际需求，激发了他们的学习动力，增强学习效果。

然而，个性化教学也无法完全解决所有学生的需求。因为每个人的学习过程都是动态变化的，需要不断根据个体的情况进行调整。这就引入了自适应教学的概念。自适应教学利用技术手段对学生的学习行为和表现进行实时监测和分析，从而自动调整教学内容和方法，以满足他们的个性化需求。在职业教育智慧教学的发展中，自适应教学起到了至关重要的作用。通过引入智能化的教学系统和学习平台，教育者能够更好地了解学生的学习情况，并及时做出相应的调整。这不仅提高了教学的效率，还增强了学生的学习体验。

个性化和自适应教学标志着职业教育智慧教学的历史发展。这一过程是一个不断改进和完善的过程，旨在更好地满足学生的个性化需求，增强他们的学习效果和体验。随着技术的不断进步和理念的不断深化，相信职业教育智慧教学将迎来更加辉煌的未来。

二、职业教育智慧教学的发展趋势

（一）智能化教学系统的发展

1.虚拟现实和增强现实技术的应用

虚拟现实（VR）和增强现实（AR）技术正在以前所未有的速度渗透各个领域，包括职业教育。这两种技术的应用正在改变传统教学模式，为学生带来更为丰富、沉浸式的学习体验。在职业教育领域，智慧教学趋势的兴起更是与VR和AR密不可分。下面探讨这一趋势，并分析其对职业教育的影响。

首先，VR和AR技术为职业教育创建了更真实的模拟环境。传统的职业教育常常受制于实践环境，学生往往难以获得真实的操作体验。而借助VR和AR技术，学生可以在虚拟的环境中进行模拟操作，从而积累经验，减少实践过程中的错误。例如，医学生可以通过虚拟现实技术进行手术模拟，工程学生可以使用增强现实技术进行设备维修的模拟，这些都大大提高了学生的实践能力和应对实际工作挑战的能力。

其次，智慧教学可以借助VR和AR技术实现个性化、定制化的教学。传统的教学往往是一刀切的，无法满足每个学生的个性化学习需求。而利用虚拟现实和增强现实技术，教师可以根据每个学生的学习风格和水平，定制相应的教学内容和方式。通过智能化的算法分析学生的学习数据，系统可以为每个学生量身打造最适合他们的学习路径，从而提高学习效率。

最后，虚拟现实和增强现实技术为职业教育提供了更广阔的学习资源和机会。传统的教学往往受地域和资源的限制，学生很难接触到丰富多样的学习资源。而借助虚拟现实和增强现实技术，学生可以足不出户地体验全球各地的实践场景。例如，学习建筑设计的学生可以通过虚拟现实技术参观世界各地的建筑，学习农业技术的学生可以通过增强现实技术观察不同地区的农作物生长情况，这些都为学生提供了更广阔的学习视野和机会。

虚拟现实和增强现实技术正在成为职业教育智慧教学的重要驱动力。这两种技术通过真实的模拟环境、个性化的教学体验和丰富的学习资源，正在为培养职业教育学生的实践能力和创新能力提供强大的支持。未来，随着技术的不断发展和普及，虚拟现实和增强现实技术将继续在职业教育领域发挥重要作用，推动智慧教学的不断深化和完善。

2.跨平台和移动化学习

随着科技的不断发展和普及，跨平台和移动化学习已经成为职业教育智慧教学的重要趋势。这一趋势不仅改变了传统的教学方式，还为学生和教育机构提供了更多的便利，给创新教学方式提供了更多可能。

首先，跨平台和移动化学习的兴起使学习变得更加灵活和便捷。学生可以通过不同的设备，如电脑、平板和手机，在任何时间、任何地点进行学习，不再受时空限制。这种自由度不仅有助于学生更好地安排自己的学习时间，还可以提高学习效率，调动学习积极性。与此同时，教育机构也可以通过跨平台和移动化学习，提供更加个性化、多样化的教学内容和方式，更好地满足不同学生的需求。

其次，跨平台和移动化学习为职业教育智慧教学带来了更多的教学手段和资源。传统的教学通常依赖于纸质教材和传统的课堂讲授，而跨平台和移动化学习可以结合互动性强的教学软件和网络资源，为学生带来更加生动、直观的学习体验。例如，通过视频教学、在线模拟实验等形式，学生可以更好地理解抽象概念和掌握实践技能。同时，教师也可以通过网络平台和社交媒体与学生进行互动，及时解答他们的问题，促进学生之间的交流和合作，增强教学效果。

最后，跨平台和移动化学习的发展催生了一系列智能化的教学工具和技术。随着人工智能、大数据和虚拟现实等技术的不断成熟和应用，教育机构可以开发出更加智能、个性化的学习系统和应用软件，为学生提供更加精准、针对性的学习支持和指导。例如，基于大数据分析，系统可以根据学生的学习情况和兴趣爱好，为其量身定制学习计划；而虚拟实验室可以让学生在安全、环保的环境下进行实验操作，提高实践能力和创新意识。

总的来说，跨平台和移动化学习已经成为职业教育智慧教学的重要趋势，对教育教学模式、教学手段和教学资源都带来了深刻的影响。未来，随着科技的不断进步和教育理念的不断演进，跨平台和移动化学习还将继续发挥重要作用，推动教育的创新和进步。

（二）社交化学习和合作式学习

改变是职业教育不可避免的命题，而社交化学习和合作式学习正是这一变革中的重要推动力量。随着科技的不断发展和社会的不断变迁，传统的教学模式已经无法满足日益多样化和复杂化的学习需求。因此，社交化学习和合作式学习作为一种新型的教学范式，正在成为职业教育智慧教学的重要趋势。

首先，社交化学习强调学生之间的互动和交流，通过社交媒体、在线社区等平台，学生可以与同学、教师及行业专家进行实时的信息交换和学习分享。这种互动式学习不仅能够增强学生的学习动力和兴趣，还可以促进知识的共享和创新。例如，在职业教育中，学生可以通过社交化学习平台分享自己的实践经验和解决问题的方法，从而加深对专业知识的理解。

其次，合作式学习强调学生之间的合作和团队精神，通过小组项目、集体讨论等形式，学生可以共同探讨问题、分析案例、完成任务。这种合作式学习不仅能够培养学生的团队合作能力和沟通技巧，还可以促进学生解决问题的能力和创新思维。例如，在职业教育中，学生可以通过小组项目合作模拟实际工作场景，培养解决实际问题的能力和团队协作精神。

总的来说，社交化学习和合作式学习已经成为职业教育智慧教学的重要趋势，它们不仅能够满足学生个性化、多样化的学习需求，还能够提高学生的终身学习能力和职业发展能力。因此，教育者需要积极倡导和应用这种新型的教学范式，为学生带来更加丰富、多样化的学习体验，推动职业教育向智慧教学转型。

第二章　职业教育智慧教学的设计与课程开发

第一节　教学设计

一、职业教育智慧教学的设计基础

（一）教学设计概述

职业教育智慧教学的设计基础贵在整合学科知识、技能培养和实际应用，学生能够在学习过程中更好地适应职业领域的需求。教学设计是一个系统性的过程，它需要考虑学科特点、学生个体差异和教育技术的应用。以下是教学设计的概述以及在职业教育智慧教学中的基础原则。

教学设计的基础在于对职业教育目标的准确理解。教育者需要深入研究职业领域的发展趋势、技能要求和职业素养，确保教学目标对学生未来职业发展起到积极的引导作用。这就需要对职业领域的需求有深刻的理解，以便将教学设计与实际职业应用有机结合。

教学设计需要注重学生的个体差异。每个学生在学科知识、技能和学习风格方面存在差异，因此教学设计应当充分考虑这些个体差异。个性化的学习计划、灵活的教学方法和多样化的评估方式是满足学生个体需求的关键。通过了解学生的学习特点，教育者能够更有针对性地设计教学内容，激发学生的学习兴趣和动力。

在职业教育智慧教学中，教学设计还需要充分利用先进的教育技术。智能化、虚拟实境、增强现实等技术手段可以为教学带来更为丰富、生动的学习体验。教育者应当善于整合这些技术资源，创建出更具创新性和实用性的教学环境。技术的应用不仅能够增加学科知识的呈现方式，还能够提供更为真实的职业场景，促使学生更好地理解和应用所学内容。

教学设计的基础包括对教学过程的有效组织。在职业教育智慧教学中，项目驱动的学习、实践操作和团队合作等教学方法得到了广泛应用。教育者需要设计具有实际意义的项目任务，让学生在解决实际问题的过程中不断提高技能和综合素养。通过合理组织学习过程，教育者能够更好地引导学生深入思考和实际操作。

教学设计基础体现在不断反思和改进的过程中。职业教育智慧教学是一个动态的系统，教育者需要不断反思教学设计的效果，收集学生的反馈，根据实际情况进行调整和改进。这种循环的反思和改进过程有助于提高教学质量，使教育者更好地应对学科发展和学生需求的变化。

职业教育智慧教学的教学设计基础体现在对职业教育目标的深刻理解、对学生个体差异的关注、充分利用教育技术的应用、有效组织教学过程及不断反思和改进的过程中。这一基础为构建更为实用、创新和有针对性的职业教育智慧教学提供了支持。

（二）教育理论与教学设计

1.教育理论对教学设计的影响

教育理论在教学设计中扮演着至关重要的角色，影响深远。教育理论的多元性为职业教育智慧教学提供了坚实的教学设计基础，推动了更符合学生需求和现代社会需求的教学模式的发展。不同的教育理论，如建构主义理论、认知学习理论、情境学习理论和社会文化理论等，对教学设计产生了深刻的影响。

建构主义理论强调学生通过主动参与实际项目和解决问题的过程构建自己的知识体系。在职业教育智慧教学的教学设计中，这一理论的影响体现在强调学生在实践中的角色。在设计中引入实际项目、案例分析、模拟实验等手段，学生能够在真实的职业背景中进行学习，更好地理解和应用所学知识。

认知学习理论强调学生通过思考、记忆和解决问题来获得知识。在教学设计中，这一理论的影响体现在注重培养学生分析和解决问题的能力。通过引入虚拟实境、在线合作等手段，学生能够在解决实际问题的过程中进行认知活动，促进了他们的思维发展。

情境学习理论认为学习的最佳方式是将知识嵌入具体情境。在职业教育智慧教学的教学设计中，这一理论的影响体现在模拟实际职业场景、引入实际项目等手段。通过让学生在真实的职业环境中进行学习，在设计中强调了实际问题和场景的重要性，学生能够更好地适应未来职业发展的需要。

社会文化理论认为学习是社会交往和文化实践的产物。在教学设计中，这一理论的影响体现在注重学生的社会化和合作能力。通过引入在线合作、社交学习平台等手段，学生能够在虚拟空间中与同学、教育者进行互动，共同解决实际问题，促进了他们的社会交往和协作能力。

教育理论对职业教育智慧教学的教学设计产生了深刻的影响，使得教学更加注重学生在实际职业背景中的学习体验。教学设计中充分考虑了学科特点、个性化学习、多元评估等因素，更好地适应了学生的个体差异和未来职业发展的需求。未来，随着教育理论的不断深化和发展，职业教育智慧教学的教学设计将继续受到理论的启发和引领，不断推陈出新，更好地满足社会和学生的需求。

2.构建有效教学设计的理论基础

职业教育智慧教学的教学设计需要建立在坚实的理论基础上，以确保教学更有效地满足学生的学习需求。其中，认知学习理论、建构主义理论、行为主义理论及情感认知理论等都为构建有效的教学设计提供了理论支持。

认知学习理论强调学生对新知识的主动处理过程。在职业教育中，教学设计应当注重激发学生的思维，引导他们主动参与学习。通过提供启发性的问题和实践性的案例，教学设计可以促使学生进行深度思考，加深学生对职业技能和知识的理解。

建构主义理论强调学生通过与环境互动来构建知识。在智慧教学中，教学设计可以通过提供多样化的学习资源，激发学生的好奇心和创造力。项目型学习和合作学习等方式可以帮助学生更好地在实践中构建职业技能，促使知识更深刻地融入他们的认知结构。

行为主义理论强调通过奖励和惩罚来塑造学生的行为。在职业教育智慧教学中，教学设计可以通过引入技术工具，提供实时的个性化反馈，激励学生更积极地参与学习。模拟实训和虚拟实验室等手段可以帮助学生在实践中逐步形成正确的职业行为。

情感认知理论将情感和认知视为密切相关的过程。在职业教育中，教学设计应当注重激发学生的学习兴趣和情感投入。通过情境化的教学设计，学生更容易产生对学习内容的情感共鸣，提高学习的主动性，拓展学习的深度。

教学设计的基础还应当包括对学生背景和特点的深入了解。通过对个体差异的考虑，教学者可以更好地制订个性化的学习计划，增强教学的实际效果。互联网时代的智慧教学也为教育者提供了更多数据分析的手段，有助于教育者更精准地把握学生的学习状态。

职业教育智慧教学的教学设计基础建立在多个理论基础上。认知学习理论、建构主义理论、行为主义理论和情感认知理论等为教学提供了不同的视角和方法。灵活运用这些理论基础，结合学生个体差异和互联网时代的技术手段，可以构建更有效的职业教育智慧教学设计，促使学生更好地适应未来职业发展。

二、职业教育智慧教学与设计的实践与整合

（一）智慧教学框架与设计

职业教育智慧教学的实践与整合在智慧教学框架和教学设计之间形成了密切的关联。这一关联涉及有效整合先进的教育技术，深度挖掘学科内在需求以及贴合实际职业场景的教学设计。通过实践和整合，职业教育智慧教学可以更好地满足学生需求，培养更具实际应用能力的职业人才。

在智慧教学框架中，教育者需要充分利用现代技术手段，构建一个

涵盖多种资源和工具的学习平台，包括在线教材、虚拟实境、学习管理系统等。通过整合这些资源，学生能够在一个多元、灵活的学习环境中获取知识，增强学习效果。这一框架的构建需要深刻理解职业领域的特点，将技术与实际职业需求有机结合，使学生在学习过程中更好地理解和应用所学知识。

在实践中，智慧教学框架通过引入个性化学习的概念，充分关注学生的差异性需求。通过学习分析、数据挖掘等技术手段，教育者能够更好地了解学生的学科兴趣、学习风格等个体差异，为个性化的教学设计提供依据，这使智慧教学框架更好地满足职业教育的多样性需求，提供更有针对性的学习体验。

在教学设计方面，实践与整合的过程需要教育者充分考虑职业教育的实际应用场景。通过将虚拟实境技术引入教学设计，教育者能够模拟真实职业场景，学生能够在虚拟环境中进行实践操作，提高实际应用能力。这种贴近实际的教学设计有助于学生更好地适应职业领域的工作要求。

教学设计需要关注学生的主动参与和团队协作能力。通过项目驱动的学习设计，学生能够在团队中合作完成实际项目，培养团队协作和沟通能力。这种实践性的教学设计符合职业教育的特点，学生能够更好地将理论知识与实际操作相结合，提高综合素养。

在整合方面，教育者需要将智慧教学框架与实际教学设计有机结合。通过对学科知识和实际职业需求的深入研究，教育者能够更好地整合先进技术和实际场景，给学生带来更具有现实意义的学习体验。这种整合使得职业教育智慧教学既充分利用了技术手段，又紧密贴合实际职业应用，为学生带来更全面的学习经验。

职业教育智慧教学的实践与整合是一项系统性的工作，需要教育者深刻理解职业领域的特点，灵活应用教育技术，以及贴合实际需求的教学设计。通过不断实践和整合，职业教育智慧教学将更好地满足学生的多样化需求，培养更具实际应用能力的职业人才。

（二）技术整合与教学设计

在职业教育智慧教学中，技术整合与教学设计的实践与整合是不可分割的关系。技术整合不仅是引入新技术，更是将技术有机融入教学设计，以增强教学效果。这一实践的核心在于充分理解技术工具的特性，结合教学目标和学科需求，创造更具实用性和针对性的教学设计。

技术整合与教学设计的实践首先要考虑技术的适用性和有效性。不同的技术工具具有不同的特性，其在不同学科领域和教学场景中的适用性各异。在实践中需要精准地选择适合特定教学目标的技术工具。例如，在医学实训中，虚拟现实技术可以提供真实的手术模拟，提高学生实际操作能力；在建筑设计课程中，三维建模软件可以帮助学生更好地理解建筑原理。这样的选择要基于对技术工具优劣势的深入理解，能够有力地支持教学目标的达成。

技术整合与教学设计的实践需要关注学生的参与和互动。技术工具的引入不仅是为了取代传统的教学方式，更是为了创建更具交互性和参与性的学习环境。在实践中，教学设计应当引导学生积极参与课程，通过在线合作、讨论平台等方式促进学生之间的互动。例如，在工程项目管理的课程中，引入在线协作工具可以让学生团队协作，共同解决实际问题，提高实际应用能力。

技术整合与教学设计的实践需要关注个性化学习的实现。技术工具的应用应当充分考虑学生的个体差异，提供更符合其学习风格和兴趣的学习资源。例如，人工智能算法对学生学习数据进行分析，可以为每个学生制定个性化的学习路径，使其更好地适应课程进度，增强学习效果。这种个性化学习的实践能够更好地满足学生的学习需求，提高其学科能力和职业素养。

技术整合与教学设计的实践应当注重教学过程中的评估和反馈。在实践中，教育者应当充分利用技术工具收集学生的学习数据，进行多元化的评估。通过引入在线测验、项目评估、学生作品展示等方式对学生学习过程和成果进行全面评价。同时，及时反馈也是关键的一环，能够帮助学生更好地理解自己的学习状态，及时调整学习策略，增强学习效果。

技术整合与教学设计的实践与整合是职业教育智慧教学不可或缺的组成部分。这一实践旨在将技术工具融入教学设计，以提升教学质量、促进学生参与和个性化学习。未来，随着技术的不断发展和教学理念的不断深化，技术整合与教学设计的实践将继续迭代和演进，为职业教育智慧教学提供更为创新和有效的支持。

第二节　课程开发原则

一、职业教育智慧教学的课程开发基础

（一）课程开发概述

职业教育智慧教学的课程开发是一个综合性的过程，旨在通过结合先进的教育技术和有效的教学设计，为学生提供更具实用性和适应性的职业技能培训。课程开发的概述涉及多个层面，包括明确目标、设计内容、选择教学方法以及建立评估体系。

课程开发的关键在于明确培养目标。职业教育的课程应该紧密贴合行业需求，明确培养学生的实际技能和职业素养的目标。在智慧教学中，课程目标不仅包括传递知识，还注重培养学生的创新能力、解决问题的能力及团队协作精神。

课程内容的设计需要紧跟行业发展趋势。随着科技的不断进步，职业领域的知识结构也在发生变化。课程开发需要及时更新内容，引入最新的职业技术和实践经验，以保证学生接受最具前瞻性和实用性的培训。

在教学方法的选择上，职业教育智慧教学倡导多元化的教学策略。除了传统的课堂教学，课程设计中还应该包括虚拟实验室、在线模拟实训、项目式学习等创新性的教学手段。通过这些方法，学生能够更好地将理论知识与实际操作相结合，提高实际技能。

课程开发还需要考虑学生的个体差异。在智慧教学中，通过利用学习分析和数据挖掘等技术手段，了解学生的学习风格和需求，为其提供个性化的学习路径。这有助于激发学生的学习兴趣，提高学习的主动性。

课程开发需要注重实践性学习的融入。通过引入虚拟实训和实际案例分析，学生可以在模拟的职业场景中进行实际操作，提高实际应用能力。这种实践性学习有助于学生更好地适应未来职业发展。

评估体系的建立是课程开发的重要组成部分。在职业教育智慧教学中，评估不仅局限于考核学生对知识的掌握程度，还包括考查学生实际技能的运用能力、解决问题的能力等。建立全面的评估体系，可以更全面地反映学生的综合素质。

职业教育智慧教学的课程开发需要以明确的培养目标为基础，结合行业需求和学生个体差异，设计具有实际操作性的内容，采用多元化的教学策略，注重实践性学习，并建立全面的评估体系。这样的课程设计能够更好地满足学生的职业培训需求，提升其在未来职业领域的竞争力。

（二）教育理论与课程设计

1.教育理论对课程开发的影响

教育理论在职业教育智慧教学的课程开发中扮演着关键的角色，对于塑造教学模式、促进学科发展和增强学生学习效果具有深远的影响。以下是对教育理论对职业教育智慧教学课程开发的影响的探讨。

教育理论在课程开发中的首要作用是推动学科整合。不同的教育理论代表对知识的组织和传递有不同的观点，这影响着课程开发的学科内涵和结构。例如，建构主义理论强调学生通过实际经验来建构知识，这可能促使课程开发更注重实践操作和项目驱动学习；行为主义理论注重外部刺激与反应的关系，可能强调对技能的培养。

教育理论对学生发展的理解对职业教育智慧教学的课程开发产生深远影响。例如，发展理论认为学生的学习是一个渐进的、阶段性的过程，因此课程开发需要考虑学生在认知、社会和情感层面的发展需求。

教育者可以基于认知发展理论开发课程，提供符合学生认知水平的学习任务，促进其自主学习和思维能力的发展。

不同的教育理论对教学方法的选择具有指导作用。例如，构建主义理论鼓励学生通过合作、探究和讨论来建构知识，这可能导致在课程开发中引入小组合作、项目制等教学方法；社会认知理论注重学生在社交环境中学习，可能引导课程开发强调社交互动和合作学习。

随着信息技术的不断发展，教育理论对技术整合的引导日益重要。连接主义理论强调学习是通过建立连接和网络来实现的，这促使教育者在职业教育智慧教学中充分利用在线学习平台、虚拟实境等技术手段。教育者需要考虑如何将现代技术有机融入课程开发，以增强学生的学习体验，提高学习能力。

教育理论对评估策略的选择具有显著影响。例如，认知理论强调学生的思维过程，因此评估可以侧重思维导图、论文写作等形式，反映学生对知识的理解和运用；行为主义理论可能更关注对技能的测评（如实际操作、实验等）。

教育理论促使教育者在职业教育智慧教学中进行实践反思。例如，反思理论强调教育者通过反思实践经验来改进教学方法和开发，以更好地满足学生需求。教育者可以通过定期的课程评估和教学反思，不断优化课程开发，提高教学质量。

教育理论在职业教育智慧教学的课程开发中发挥着重要的指导作用。通过深入理解不同的教育理论，教育者能够更好地开发出符合学科发展、满足学生需求的教学内容，推动职业教育智慧教学的不断创新与发展。

2.教育理论如何指导职业教育课程的开发

职业教育课程的开发在很大程度上受到教育理论的指导，这些理论为教育者提供了设计和实施课程的理论基础。教育理论的作用在于引导职业教育课程的目标设定、内容设计、教学策略选择和评估方法确定等方面，从而构建更有效、有针对性的职业教育智慧教学。

建构主义理论强调学生通过实际参与和积极经验构建知识。在职业教育智慧教学中，这一理论指导下的课程开发注重在实践中培养学生的实际技能。通过引入实际项目、案例分析等手段，学生在真实职业环境中进行学习，构建自己的职业知识体系。这种实践性的课程设计有助于提高学生的职业素养，帮助学生更好地适应职场挑战。

认知学习理论强调学生通过思考、记忆和解决问题来获得知识。在职业教育智慧教学中，这一理论指导下的课程设计注重培养学生分析和解决问题的能力。通过引入虚拟实境、在线合作等方式，学生在解决实际问题的过程中进行认知活动，促进思维的发展。这样的课程设计有助于提高学生分析和解决问题的能力，培养其在职业中独立思考和创新的能力。

情境学习理论认为学习的最佳方式是将知识嵌入具体情境。在职业教育智慧教学中，这一理论指导下的课程设计注重将理论知识与实际职业场景相结合。通过模拟实际职业场景、引入实际项目等手段，学生能够更好地理解和应用理论知识。这样的课程设计有助于加深学生对职业领域的实际认识，培养其在实际工作中更好地运用所学知识的能力。

社会文化理论认为学习是社会交往和文化实践的产物。在职业教育智慧教学中，这一理论指导下的课程设计注重学生的社会化和合作。通过引入在线合作、社交学习平台等方式，学生在虚拟空间中与同学、教育者进行互动，共同解决实际问题。这样的课程设计有助于培养学生的团队合作和沟通技能，提高其在团队中协作的能力。

教育理论在职业教育课程的开发中起到了重要的指导作用。建构主义理论强调实践经验，认知学习理论注重思维活动，情境学习理论强调实际职业场景，社会文化理论注重社会化和合作。在职业教育智慧教学中，这些理论的结合为课程设计提供了有力的理论基础。未来，随着教育理论的不断发展和技术的不断进步，职业教育课程的开发将继续受到理论的启发，更好地满足学生的需求，适应社会的变革。

二、职业教育智慧教学的课程开发原则

（一）理论指导下的课程开发原则

在职业教育智慧教学的课程开发中，理论指导下的课程开发原则是确保教学效果和学生发展的基础。这些原则涉及课程设计的多个方面，包括学科理论的深度融入、对学生个性化需求的考虑和对技术工具的合理运用等。

课程开发应当以学科理论为指导。理论的深度融入有助于构建更系统和完善的课程体系。通过理论指导，课程设计可以更好地反映学科的内在逻辑和发展趋势，学生能够深入理解学科的本质和实际应用。这种理论的深度融入有助于培养学生的综合素质，提高学生在未来职业领域的竞争力。

考虑学生个性化需求是理论指导下的重要原则之一。不同学生具有不同的学习风格和兴趣点，课程开发应当注重个性化学习路径的设计。通过智能化系统的支持，更好地了解学生的学习需求，提供针对性的学习资源，每个学生都能够在学习过程中找到适合自己的方式，实现个性化学习目标。

技术工具的合理运用是理论指导下课程开发的关键。智慧教学倡导利用先进技术手段增强教学效果。课程设计应当综合考虑学科理论和现代技术的融合。虚拟实验室、在线模拟实训等技术工具的引入，可以使学生更深入地理解和应用所学内容，提高实际操作能力。同时，技术工具还能够增加教学过程的互动性，激发学生的学习兴趣。

课程开发应当注重实践性学习的原则。在理论指导下，课程设计应当强调理论与实践的有机结合。通过引入项目型学习、实际案例分析等实践性学习手段，学生可以在模拟的职业场景中进行实际操作，提高实际应用能力。这种实践性学习有助于学生更好地适应未来职业发展的需要。

课程开发需要贯彻评估原则。理论指导下的课程评估应当更加全面，不仅包括考核学生对知识的掌握水平，还应考虑学生实际技能的运用能力、创新能力等方面。建立多层次、多维度的评估体系，有助于更全面地反映学生的综合素质和发展水平。

理论指导下的职业教育智慧教学课程开发原则主要包括学科理论的深度融入、对个性化需求的考虑、对技术工具的合理运用、实践性学习的强调以及全面评估的建立。这些原则有助于构建更为完善和实用的职业教育智慧课程，提升学生的综合素质，培养适应未来职业发展的专业人才。

（二）实践中的课程开发原则

在实践中，职业教育智慧教学的课程开发需要遵循一系列原则，以确保课程设计贴近实际需求、提高学生实际应用能力。以下是一些实践中的课程开发原则。

实际职业需求导向原则：职业教育智慧教学的课程设计首先要紧密关联实际职业需求。课程内容应当符合行业标准和实际工作场景，确保学生在学习过程中获取的知识和技能具有实际应用价值。这需要通过深入行业研究和与企业的合作来确保课程的实际导向。

跨学科整合原则：在职业教育智慧教学的课程设计中 需要满足不同学科领域，形成综合性的学科体系。通过将相关学科知识进行整合，学生能够全面理解职业领域的复杂性。这种整合性设计有助于提高学生的综合素养，使其更好地适应实际职业场景。

学生参与与实践原则：课程设计要注重学生的主动参与和实际操作。通过项目驱动的学习、实际案例分析等方式，激发学生的学习兴趣和实践动力。实践操作是职业教育的核心，因此课程设计应当充分考虑如何让学生在实际操作中提高技能水平和解决实际问题的能力。

灵活性与适应性原则：课程设计要具备一定的灵活性和适应性，以适应不断变化的职业环境。考虑到行业技术的快速更新和职业需求的变化，课程应当具备调整和更新的机制，确保教学内容能够及时反映最新的职业发展趋势。

职业导师支持原则：为了更好地指导学生适应职业发展，课程设计可以引入职业导师的支持。导师可以提供实际工作经验和职业建议，为学生提供职业规划方面的指导。这种支持有助于学生更好地了解职业领域，提前适应职场环境。

多元评估原则：职业教育智慧教学的课程评估应当多元化，综合考查学生的知识水平、技能掌握及实际应用能力。除了传统的考试形式外，课程设计还可以包括实际项目评估、实训表现评价等多种方式，以全面了解学生的学习情况。

实时反馈与调整原则：在职业教育智慧教学的课程设计中，及时获取学生的学习反馈并进行调整是至关重要的。教育技术工具可以实现对学生学习过程的实时监测，了解他们的学习困难和需求，及时调整教学策略，以增强教学效果。

职业伦理与社会责任原则：课程设计要注重培养学生的职业伦理和社会责任感。教育者应当通过课程设置相关模块，引导学生认识职业伦理标准，培养他们在职业领域中的社会责任感，使其具备良好的职业操守和社会担当。

在实践中遵循这些原则，职业教育智慧教学的课程设计能够更好地满足学生的实际需求，提高其在职业领域的竞争力和适应能力。这些原则构建了一个有机、灵活、具体的课程框架，使得教学更加贴近实际、符合行业标准。

第三节　教材与资源的利用

一、职业教育教材的有效利用

（一）教材选择与评估

职业教育教材的选择与评估对有效利用教育资源至关重要。教材的选用直接影响学生的学习效果，对教材的评估有助于提高教学质量，确保教育目标的达成。在职业教育中，教材的有效利用是培养学生职业技能和素养的关键。

教材的选择需要充分考虑职业领域的实际需求。职业教育的目标是培养学生在特定领域的实际能力，因此教材的选择应当紧密结合所教授的专业课程。教育者需要选用能够全面覆盖职业领域知识的教材，涵盖理论知识和实践技能。例如，在工程类专业中，教材应当包含最新的工程理论和实际案例，以确保学生能够胜任实际工程项目。

教材的选择需考虑学生的学科背景和水平。不同层次的学生对教材的理解和吸收能力存在差异，因此教育者在选择教材时应考虑学生的实际情况。教材既要符合学科的专业性要求，又要调动学生学习的积极性。在职业教育中，教材的选取应当结合学生的前期学习经验，以确保教学过程的连贯性和学科知识的渐进性。

在教材的评估方面，教育者需要考虑教材的实用性和更新性。实用性指的是教材能否切实应用于学生未来的职业实践。教材应当包含最新的职业发展趋势和实际案例，以保持其实用性。更新性体现在教材是否能够随着时代的发展进行更新。职业领域发展迅速，过时的教材可能无法满足学生应对未来挑战的需要。

教材的评估还需要考虑其适应不同学习风格的能力。学生有不同的学习习惯和喜好，教材应当具有一定的灵活性，能够满足多样化的学习需求。引入多样化的教学资源，如文字材料、图表、多媒体资料等，有助于满足学生不同的学习偏好，提高学习的针对性和有效性。

教材的评估需要考虑其教学方法的多样性。教育者应当选择具有多元化教学方法的教材，以满足学生不同的学习方式。在职业教育中，教材的设计应该包括案例分析、实践项目、实习经验等，以培养学生的实际操作能力和解决问题的能力。

职业教育教材的有效利用需要教育者在选择和评估教材时综合考虑多个因素。教材的选择应当紧密结合职业领域的实际需求和学生的学科背景，确保教学内容的相关性和针对性。教材的评估需要关注其实用性、更新性、适应性和多样性，以确保教学过程的有效性和学生的全面发展。在这一过程中，教育者需要不断调整和优化对教材的使用，以更好地服务于职业教育的目标。

（二）教材个性化与定制

1.个性化学习路径与教材

个性化学习路径与职业教育教材的有效利用是构建更灵活、贴近学生需求的教学环境的关键要素。在职业教育中，个性化学习路径旨在根据学生的个体差异，设计符合其学习风格和兴趣的学习路径。教材的有效利用则涉及如何结合个性化学习路径，为学生提供更具实用性和实际应用价值的教育资源。

个性化学习路径的设计应该充分考虑学生的不同学习风格和能力水平。通过对学生个体差异的深入分析，个性化学习路径可以为每个学生提供更贴近其需求的学习资源和任务。这种个性化设计有助于激发学生的学习兴趣，提高其学习的主动性。

在教材的利用方面，需要将教材与个性化学习路径紧密结合。职业教育教材的有效利用应当侧重于实际职业场景和实际技能培训。教材内容应紧密围绕职业需求，注重实际操作技能的培养，学生能够更好地应对未来职业发展的挑战。

个性化学习路径的设计可以借助数字技术的支持。在数字化时代，教育技术的发展为个性化学习提供了更多的可能。虚拟实验室、在线模拟实训等技术工具可以根据学生的学习状态和需求，为其带来个性化的学习体验。这种技术支持使个性化学习路径更灵活和精准。

同时，教材的有效利用需要借助互动性和实践性。职业教育教材应该设计成能够促使学生参与互动、实际操作的形式，使学生在学习过程中更深入地理解和掌握知识。例如，可以通过案例分析、项目式学习等方式，使学生将所学知识更好地应用于解决实际问题的过程。

个性化学习路径与教材的有效利用需要注重综合素质的培养。除了传授职业技能，个性化学习路径和教材应当关注对学生创新能力、团队协作精神等方面的培养。这种全面素质的培养有助于学生更好地适应未来职业领域的复杂和多变。

评估体系的建立是个性化学习路径与教材有效利用的关键。通过建立全面的评估体系，更全面地了解学生的学习状态和发展水平。评估不仅应关注学生对知识的掌握水平，还需查学生的实际技能运用、创新能力等方面，以确保个性化学习路径和教材的有效性。

个性化学习路径与教材的有效利用是职业教育中的重要组成部分。通过合理设计个性化学习路径，结合实际应用导向的教材，借助数字技术的支持，培养学生的实际操作技能和综合素质。在这个过程中，评估体系的建立能够为不断优化个性化学习路径和教材提供有力的反馈，促进学生更好地应对未来职业领域的挑战。

2.教材的定制与适应性教学

教育教材的定制和适应性教学在职业教育中具有重要意义。教材的有效利用需要考虑职业领域的特点、学生的个体差异及不断变化的职业需求。以下是关于这一主题的详细论述。

教材定制是职业教育中的一项关键策略。职业教育注重学科知识与实际应用的结合，传统的通用教材可能无法满足职业领域的具体需求。教材的定制可以更好地贴合职业领域的特殊要求，提供更实用和切实可行的学习资源。

适应性教学是根据学生的个体差异和学科知识的复杂性，调整教学策略以提高学习效果的一种方法。在职业教育中，学生的背景、兴趣和对学科的理解水平差异巨大，因此采用适应性教学是必要的。对教材进行个性化调整，可以更好地满足学生的学科需求，增强学生的学习效果。

在教材定制方面，需要首先深入了解职业领域的发展趋势和需求。通过与行业内专业人士的沟通，了解实际工作中所需的技能和知识。基于这些信息，教育者可以有针对性地设计和定制教材，确保其内容贴合实际职业应用，更好地满足学生在职场中的需求。

适应性教学的关键在于充分了解学生的个体差异。教育者可以通过学生背景调查、学科水平测试等方式获取学生的信息，从而更好地把握他们的学科水平、学习风格和兴趣爱好。在教学过程中，根据这些个体差异调整教学策略，灵活使用教材中的不同模块，使学生更好地理解和掌握知识。

适应性教学可以通过引入新的教学方法和工具来提高学习的适应

性。例如，利用先进的教育技术，教育者可以构建在线学习平台，提供多媒体资源、虚拟实境体验等。这样的教学手段能够满足学生对多样化学习方式的需求，提高他们的学习兴趣和主动性。

在实际应用中，教育者需要不断收集学生的反馈信息，以评估教材的有效性和适应性。通过对学生的学习成绩、参与度以及对教材的评价，教育者可以及时了解教学效果，并在必要时对教材进行调整和优化。

教育教材的定制和适应性教学是职业教育中的重要策略。通过深入了解职业领域的需求和学生的个体差异，教育者可以更好地定制教材，提高教学的适应性，从而更有效地培养学生在职业领域的实际能力。这一过程不仅促进了教育教材的创新，也推动了职业教育的发展。

二、智慧利用教育技术和在线资源

（一）智能化平台建设

智能化平台建设在职业教育资源的智慧利用中扮演着关键角色。这些平台整合了各种教育资源，包括课程内容、教学工具、学习资料等，通过智能化技术实现对这些资源的精准管理和个性化推送，从而为学生带来更加高效、便捷、智能化的学习体验。

首先，智能化平台的建设提供了便捷的资源获取途径。传统的教学资源分散在各个渠道和平台上，学生需要花费大量时间和精力去查找和筛选适合自己的资源。智能化平台通过整合各种资源，为学生提供了统一的入口，学生可以通过平台轻松获取所需的教学资源，大大节省了时间和精力。

其次，智能化平台的建设实现了教育资源的个性化推送。每个学生的学习需求和水平都不同，传统的教学往往难以满足每个学生的个性化需求。智能化平台通过分析学生的学习数据和行为，为每个学生量身定制最适合他们的学习内容和方式，实现个性化的资源推送。例如，系统可以根据学生的学习兴趣和能力水平为他们推荐相关的课程和学习资料，从而提高学习的针对性和效率。

最后，智能化平台的建设促进了教学资源的共享和协作。传统的教学资源往往局限于特定的学校或机构，难以实现跨校、跨地区的资源共享和协作。智能化平台能够打破时空的限制，将教学资源置于一个统一的平台上，不仅方便了资源的共享和交流，也促进了教师之间的合作与交流。教师可以通过平台分享自己的教学资源和经验，借鉴他人的教学方法和案例，从而不断提升教学质量和水平。

智能化平台的建设为职业教育资源的智慧利用提供了重要支撑。通过提供便捷的资源获取途径、个性化的资源推送、促进资源的共享和协作，这些平台为学生带来了更加丰富、高效的学习体验，为职业教育的发展注入了新的活力和动力。未来，随着智能化技术的不断发展和应用，智能化平台将进一步发挥其在职业教育中的重要作用，推动教育资源的智慧利用不断迈向新的高度。

（二）数据驱动的个性化教学

转变观念是推动职业教育不断进步的关键，数据驱动的个性化教学及职业教育资源的智慧利用，是这一变革中的重要支柱。随着信息技术的迅猛发展和数据科学的兴起，教育领域逐渐意识到数据的重要性，并开始利用数据来指导教学实践和资源配置。

首先，数据驱动的个性化教学强调通过收集、分析学生的数据来实现个性化教学。通过学生的学习历史、兴趣爱好、学习风格等数据，教育者可以更好地了解每个学生的特点和需求，从而针对性地调整教学内容、教学方法和评价方式。例如，通过学生的学习数据分析，教育者可以发现某些学生在特定领域有较强的学习兴趣和较大的潜力，可以为其提供更深入、更具挑战性的学习任务和资源，从而激发其学习动力和潜能。

其次，职业教育资源的智慧利用强调通过数据科学技术来优化资源的获取、管理和利用。随着教育资源的日益丰富和多样化，如何有效地利用这些资源成为教育工作者面临的重要挑战。数据科学技术可以帮助教育者更好地管理和利用这些资源，例如通过数据分析评估和优化教育资源的质量和效果，通过数据挖掘发现和推荐适合学生的优质教育资源，通过数据可视化展现教育资源的特点和优势，从而提高资源的利用效率，增强教学效果。

数据驱动的个性化教学和职业教育资源的智慧利用已经成为推动职业教育不断发展的重要动力。通过充分利用数据科学技术，教育者可以更好地了解学生的特点和需求，优化教学实践和资源配置，增强教学效果，丰富学习成果。因此，教育者需要不断学习和探索数据科学技术在教育领域的应用，积极倡导和推广数据驱动的个性化教学和职业教育资源的智慧利用，为学生带来更加个性化、高效率的学习体验。

第四节 课程的质量保障与评估

一、职业教育智慧课程的质量保障原则与体系

（一）质量保障原则

职业教育智慧课程的质量保障原则，是确保教育课程设计、实施和评估达到一定标准的基本准则。这些原则旨在确保学生获得有效的职业技能培训和终身学习机会，以适应快速变化的职业市场需求。

首先，关注实践性和应用性。职业教育智慧课程应该注重培养学生实际操作能力和解决实际问题的能力。课程内容应该紧密结合行业需求，通过模拟实践、案例分析等方式，帮助学生理解和掌握实际工作中所需的技能和知识。

其次，提供个性化和差异化教学。考虑到学生的不同背景和学习需求，职业教育智慧课程应该提供个性化的学习路径和资源。通过智能化的学习系统和个性化的辅导服务，满足学生的不同学习速度和学习方式，帮助他们充分发挥自己的潜能。

再次，与行业紧密合作。为了确保课程内容与行业需求一致，职业教育智慧课程需要与行业企业建立紧密的合作关系。通过行业实习、企业项目合作等方式，学生能够直接接触到真实的职业环境和实际工作任务，提高他们的职业素养和竞争力。

同时，注重教学质量评估和持续改进。职业教育智慧课程应该建立完善的评估体系，对课程设计、教学效果和学生满意度进行定期评估。通过收集和分析学生反馈、教师评价等信息，及时发现问题和不足之处，并采取有效措施进行改进和优化。

最后，保障教师专业发展和素质提升。教师是职业教育智慧课程的重要组成部分，他们的专业水平和教学能力直接影响课程质量和学生学习效果。因此，需要为教师提供持续的专业发展机会和培训资源，不断提升他们的教学水平和教育教学能力，以适应不断变化的教育需求和技术发展趋势。

职业教育智慧课程的质量保障原则包括关注实践性和应用性、提供个性化和差异化教学、与行业紧密合作、注重教学质量评估和持续改进、保障教师专业发展和素质提升等方面，旨在确保课程设计、实施和评估达到一定标准，为学生提供高质量的职业技能培训和终身学习机会。

（二）质量保障体系

1.质量保障体系的建立

在职业教育智慧课程中，建立质量保障体系是确保教学质量、学生学习效果和课程可持续发展的关键要素。质量保障体系的建立需要全方位考虑，包括教学设计、教学过程、评估方法及课程持续改进等方面。以下是关于职业教育智慧课程质量保障体系建立的详细论述。

为了确保职业教育智慧课程的质量，首先需要建立一个高质量的课程设计体系。这包括对职业领域的深入研究，理解行业趋势和需求，以确保课程内容紧密结合实际职业要求。在课程设计中，应强调知识与实践的有机结合，注重项目驱动的学习，以培养学生的实际操作能力。

教学过程是保证课程质量的关键环节。在职业教育智慧课程中，教学者应采用灵活多样的教学方法，充分利用现代教育技术和在线资源，实施个性化学习路径，激发学生学习兴趣，促进互动合作，增强教学效果。同时，注重实时反馈和调整，确保教学过程符合学生的实际需求和学科发展趋势。

建立科学合理的评估体系对于保障职业教育智慧课程的质量至关重要。评估应包括多个层面，既要考查学生的知识水平，又要关注其实际操作和解决问题的能力。采用多元化的评估手段，包括项目作业、实际案例分析、实地考察等，全面了解学生的学习成果。

教师队伍的素质对于职业教育智慧课程的成功实施至关重要。建立教师培训体系，确保教育者具备先进的教育理念、丰富的行业经验和熟练的教育技术应用能力。定期开展教学能力培训和学科更新，使教师队伍始终保持高水平的教育素养。

职业教育智慧课程应建立完善的学生支持体系，关注学生的个体差异和需求。提供个性化学习咨询服务，帮助学生解决学习问题和职业规划。同时，借助在线平台，促进学生之间的交流与合作，建立学习社群，增强学生的学习体验和自主学习能力。

为了适应职业领域的不断变化和技术发展的快速更新，职业教育智慧课程应建立持续改进的机制。定期进行课程评估，收集学生和教育者的反馈，根据评估结果对课程内容、教学方法和评估体系进行调整和优化，保持课程的前瞻性和适应性。

综合来看，职业教育智慧课程质量保障体系的建立需要全面考虑课程设计、教学过程、评估体系、教师队伍、学生支持和课程持续改进等多个方面。通过有机整合这些要素，职业教育智慧课程能够贴合实际需求，提高学生实际应用能力，促进课程质量的全面提升。

2.质量保障体系中的关键要素

职业教育智慧课程的质量保障体系中，关键要素的确立和有效实施至关重要。这些要素直接影响着课程的设计、交付和评估，对于确保学生获得高质量的职业教育至关重要。

明确课程目标是质量保障体系的核心要素之一。课程目标应当明确、具体，与职业领域的实际需求相契合，以确保学生能够具备必要的职业技能和素养。明确课程目标，可以为整个教学过程提供清晰的方向，使学生能够更有针对性地达成课程预期的学习目标。

合理设计课程内容和结构是质量保障体系中的关键要素之一。课程内容应当全面覆盖职业领域的关键知识和实际应用技能，确保学生在学习过程中获得丰富而有深度的知识。设计合理的课程能够使学生逐步建构知识体系，更好地理解和应用所学内容。

教学方法的灵活运用是另一个关键要素。职业教育智慧课程应该采用多元化的教学方法，以满足不同学生的学习需求，包括案例分析、实际项目、虚拟实境等教学方法，有助于激发学生的兴趣，提高学习的实用性。通过灵活运用教学方法，更好地适应学生的多样化学习风格，提高课程的吸引力和实效性。

教师团队的素质和培训是质量保障体系的重要组成部分。教师在职业教育智慧课程中扮演着关键角色，他们需要具备丰富的行业经验和教学技能。教师团队的培训要确保他们能够熟练运用教育技术，理解并运用先进的教学理念，使其具备在智慧课程中有效传授知识和技能的能力。

质量保障体系中需要强调学生的参与和反馈。学生参与课程的程度与质量直接相关。建立有效的学生参与机制，包括讨论、互动平台、实践项目等，对于提高学生学习积极性和深度理解至关重要。同时，建立健全的反馈机制，及时获取学生对课程的反馈意见，有助于对课程进行调整和优化。

评估和监控是质量保障体系中的关键环节。定期对课程进行评估，包括学生综合能力的评估、教学方法的评估等，有助于发现问题并及时进行调整，监控课程的运行情况，及时解决出现的问题，确保课程的持续改进和优化。

职业教育智慧课程的质量保障体系需要综合考虑目标明确、内容合理、教学方法多样、教师素质高、学生参与和反馈充分、定期评估和监控等多个关键要素。这些要素相互交织，共同构成了一个保障职业教育智慧课程高质量的复杂体系。

二、职业教育智慧课程的评估与持续改进

（一）评估方法与工具

职业教育智慧课程的评估是确保教学效果和学生发展的重要环节，需要借助多种方法和工具来全面了解学生的学习状况和能力发展。评估方法与工具应该具备全面性、灵活性和实用性，以便更好地指导教学、改进课程，促使学生更好地适应未来职业发展。

课堂表现是一种重要的评估方法。通过观察学生在课堂上的参与程度、表现水平，教师可以直观地了解学生的学习状态和对学科的掌握程度。这种方法可以促使学生积极参与课堂互动，帮助教师及时调整教学策略，满足学生的学习需求。

实际操作和实践性项目是职业教育智慧课程评估的重要工具。通过设计实际案例、项目任务等形式，学生需要在模拟或真实的职业环境中运用所学知识和技能。这种评估方法能够全面考查学生的实际操作水平、解决问题的能力及团队协作精神，对培养学生的职业素养有着积极的促进作用。

在线测试和考试是一种常见的评估工具。通过设置针对性的题目，测量学生对特定知识点的掌握情况。然而，为了避免单一的评估视角，应该在测试和考试中融入实际案例、应用问题等多种题型，以更全面地了解学生的学科水平和应用能力。

个性化学习路径的数据分析是智慧课程评估的关键工具。通过收集学生在个性化学习路径上的数据，包括学习时间、学习进度、问题答题情况等，教师和教育者可以对学生的学习行为进行深入分析，为个性化教学提供科学依据，及时调整学习路径，满足学生个性化的学习需求。

学生自评和同学互评是促使学生自主学习和团队协作的评估方法。通过让学生对自己的学习过程和成果进行评价，或者让同学相互评价，培养学生的自我管理和团队协作能力。这种方法有助于学生更深入地参与学习过程，形成积极的学习氛围。

教育技术工具的运用是评估的重要手段。虚拟实验室、模拟实训软

件等技术工具能够模拟的真实职业环境，通过对学生在虚拟环境中的表现进行记录和分析，为评估提供更为客观的数据支持。

职业教育智慧课程的评估方法与工具应该多样化、全面化，并结合实际应用情境。通过综合利用多种评估手段，更全面地了解学生的学习状况，为教学和课程的不断改进提供科学依据，学生能够更好地发展自身能力，应对未来职业领域的挑战。

（二）持续改进的策略

在职业教育智慧课程中，持续改进是保持课程质量和适应性的关键。为了不断增强教学效果和满足学生需求，制定和执行有效的持续改进策略至关重要。

建立有效的反馈机制是持续改进的基础。通过定期收集来自学生、教育者和相关利益相关者的反馈信息，识别课程中存在的问题和潜在的改进空间。这种信息可以来自课程评估、学生问卷调查、教学者反馈等多方面，确保全面而准确的课程反馈。

利用数据分析和评估技术，深入挖掘课程的实际运行情况。通过收集学生学习数据、评估成绩数据及教学过程中的实时反馈，进行深度分析，发现潜在的问题和瓶颈。基于数据的决策能够更有针对性地制定改进策略，提高决策的科学性和准确性。

建立协作机制，促进教育者之间、教育者与学生之间、学校与企业之间的协同合作。通过定期的沟通和合作，及时获取多方面的建议和反馈，有助于更好地识别问题，并找到改进的有效途径。这种协同机制有助于形成集体智慧，推动持续改进策略的实施。

保持与行业的密切联系，不断追踪职业领域的发展动态。行业的不断演变和技术的更新对职业教育智慧课程提出了新的挑战和要求。通过与行业专业人士、企业合作伙伴的深入沟通，获取最新的职业需求信息，及时调整课程内容，确保课程的前瞻性和实用性。

持续改进需要建立有效的培训和发展机制。对教育者和相关人员进行定期的培训，使其熟练掌握新的教学技术和方法，不断提升教学水平。通过参与国内外学术研讨会、行业交流活动，拓宽视野，获取最新的教育理念和技术趋势，为课程改进提供理论支持。

　　建立长效的评估机制，确保持续改进策略的实施效果。定期对课程进行全面的评估，评估涵盖多个方面，包括学生学习效果、教学过程、教师队伍培训等。根据评估结果，及时调整持续改进策略，形成一个良性循环的改进机制，确保课程质量和效果的持续提升。

　　持续改进策略是职业教育智慧课程保持活力和质量的关键。通过建立反馈机制、数据分析、协同合作、行业联系、培训发展及有效的评估机制，全面而系统地推动课程的不断创新和提升。这种持续改进的努力将有助于职业教育智慧课程的长期健康发展。

第三章　职业教育智慧教学的方法与策略

第一节　个性化学习

一、职业教育智慧教学中个性化教学方法与策略

（一）个性化教学设计

如何将个性化教学设计与职业教育智慧教学相结合，以实现个性化教学方法与策略的目标，是当前教育领域面临的挑战之一。个性化教学方法旨在满足学生不同的学习需求和能力水平，职业教育智慧教学通过技术手段提供更灵活、高效的教学方式。在这样的背景下，我们需要探讨如何将这两者有机地结合起来，从而更好地促进学生的学习。

首先，个性化教学需要通过智能化技术平台进行支持。这种平台可以根据学生的学习风格、兴趣爱好及学习进度等信息，为其提供定制化的学习内容和任务。其次，教师在实施个性化教学时，需要充分利用智慧教学平台所提供的数据分析功能，及时调整教学策略。通过分析学生的学习数据，教师可以更好地了解学生的学习状态，及时发现并解决学习中的问题。最后，教师在设计课程时，需要结合个性化教学理念，灵活运用各种教学资源和教学手段，满足不同学生的学习需求。

例如，可以设置多样化的学习任务和评价方式，鼓励学生通过合作

学习、项目实践等方式进行深度学习。个性化教学设计与职业教育智慧教学的结合，为实现个性化教学提供了新的思路和方法。只有充分发挥教育技术的优势，结合教师的智慧和经验，才能更好地满足学生的个性化学习需求，增强教学效果。

（二）弹性学习组织策略

在当今快速变化的社会和经济环境中，弹性学习组织策略已经成为职业教育智慧教学中至关重要的一环。个性化教学方法与策略因其针对性和灵活性而备受关注，对培养学生的个性化能力和适应能力至关重要。

弹性学习组织策略的重要性在于其能够适应快速变化的社会和经济环境。随着科技的迅猛发展和产业结构的不断调整，职业教育需要灵活性高和适应性强的教学方式。弹性学习组织策略提供了灵活的学习路径和资源，使学生能够根据个人兴趣、学习能力和职业目标制订自己的学习计划，从而更好地适应变化。

个性化教学方法与策略作为弹性学习组织策略的重要组成部分，突出了学生个体差异的重要性。每个学生的学习方式、学习节奏、学习兴趣都有所不同，传统的一刀切式教学已经不能满足多样化的学习需求。个性化教学方法致力于根据学生的个体特点和学习需求，量身定制教学内容和教学方式，从而最大程度地激发学生的学习潜能。

在实践中，个性化教学方法与策略可以通过多种方式实现。首先，教师可以采用多样化的教学手段，包括小组讨论、项目学习、个性化辅导等，以满足不同学生的学习需求。其次，利用技术手段，如人工智能教学系统、智能化学习平台等，为学生提供个性化的学习资源和学习支持。最后，建立学习档案和个性化学习计划，帮助学生自主管理和规划学习过程，提高学习的针对性和有效性。

总之，个性化教学方法与策略在弹性学习组织策略中扮演着重要角色，是适应快速变化的社会和经济环境、提高职业教育质量和效益的关键举措。通过不断探索和实践，完善个性化教学方法与策略，推动职业教育向更加灵活、多样化、个性化的方向发展。

（三）自主学习引导策略

自主学习引导策略在职业教育智慧教学中的重要性不言而喻。随着教育理念的更新和技术的发展，个性化教学方法与策略在培养学生的自主学习能力和解决问题能力方面扮演着至关重要的角色。本文将就自主学习引导策略在职业教育智慧教学中的应用进行探讨。

自主学习引导策略是指教师通过一系列的教学活动和资源，引导学生主动参与学习过程，从而培养其自主学习的能力的方法。在职业教育智慧教学中，个性化教学方法与策略是实现自主学习的重要手段之一。

首先，个性化教学能够根据学生的兴趣、能力和学习风格设计教学内容和活动，激发学生的学习动力和兴趣。例如，针对不同职业领域的学生，可以通过实践操作、案例分析等方式进行教学，提升学习的针对性和实用性，激发学生的学习热情。

其次，个性化教学方法与策略可以根据学生的学习情况和需求进行差异化的教学安排和指导。通过分析学生的学习水平和掌握程度，灵活调整教学内容和进度，帮助学生更好地理解和消化知识。例如，对于掌握能力较弱的学生，可以提供更多的辅导和指导，采取小组讨论、互助学习等方式促进学生学习；对于掌握能力较强的学生，可以提供更多挑战性的任务和拓展性的学习机会，激发其学习的进取心和探索精神。

最后，个性化教学方法与策略可以通过多样化的评价方式和反馈机制，帮助学生全面了解自己的学习情况和提升空间。通过定期的测评和评价，及时发现学生的学习问题和困难，并针对性地提出改进建议和指导意见。例如，可以通过作业、项目实践、口头答辩等形式对学生进行评价，帮助他们发现自己的优势和不足，从而更好地调整学习策略和方法，增强学习效果。

自主学习引导策略在职业教育智慧教学中的应用具有重要意义。通过个性化教学方法与策略，更好地培养学生的自主学习能力和解决问题的能力，实现教育教学的双赢。因此，教师应不断探索和实践个性化教学的方法与策略，为学生的学习和发展提供更好的支持和指导。

二、职业教育智慧教学中的个性化学习实践

（一）个性化学习路径设计

在职业教育智慧教学中，个性化学习路径设计是一项关键的实践。通过深入了解学生的个体差异、学科水平和学习风格，个性化学习路径的设计能够更好地满足学生的学习需求，增强教学效果。以下是关于职业教育智慧教学中个性化学习路径设计的详细论述。

个性化学习路径设计始于对学生的深入了解。通过对学生背景调查、学科水平测试和兴趣爱好分析，教育者可以全面了解学生的认知水平、学科基础和学习风格。这为个性化学习路径设计提供了基础数据，使之更加贴近学生的实际情况。

个性化学习路径设计需要充分考虑学科知识的层次结构。通过分析学科知识的螺旋上升结构，将知识划分为基础、中级和高级三个阶段。基于学生的学科水平，个性化设计相应的学习路径，确保学生在每个阶段都能够逐步深入、巩固基础、拓展深度。

个性化学习路径设计应考虑学生的学科兴趣和职业发展方向。通过与学生的深入沟通，了解他们的兴趣爱好和职业志向，调整学科内容和学习任务，使之更符合学生的个体需求和职业目标。这有助于激发学生的学习兴趣，调动其学习的主动性。

在实践中，个性化学习路径设计要充分利用现代教育技术。通过在线学习平台和教育软件，教育者可以为学生提供个性化的学习资源和任务，根据学生的学习表现实时调整学习路径。这种个性化的技术支持有助于增强教学效果，学生能够更灵活地掌握知识。

个性化学习路径设计需要注重跨学科的整合。职业教育往往需要学生具备多方面的知识和技能。通过个性化学习路径设计，促进不同学科之间的联系，培养学生的综合素养和创新能力，使之更好地满足职业领域的复杂要求。

个性化学习路径设计应建立在有效的评估基础上。通过定期的学科测试、项目作业等方式，及时评估学生的学习水平和能力发展。根据评

估结果，调整个性化学习路径设计，确保学生在学科知识和实际能力的全面提升。

个性化学习路径设计需要不断改进和创新。随着教育理念和技术的发展，个性化学习路径的设计也应不断更新。借鉴先进的教育理论和技术手段，持续改善个性化学习路径设计，使之更满足未来职业教育的需求。

职业教育智慧教学中的个性化学习路径设计是一项需要全面考虑学生个体差异、学科结构和职业发展方向的实践。通过深入了解学生、科学分析学科结构、灵活利用教育技术、跨学科整合和持续改进，有效推动个性化学习路径设计，增强职业教育的实际效果。

（二）技术支持与个性化学习

在职业教育智慧教学中，技术支持是推动个性化学习实践的重要因素之一。有效整合和运用技术，能够更好地满足学生的个体差异，增强学习的效果和体验。

技术支持在个性化学习中发挥了重要的教学辅助作用。智慧教学平台和在线学习工具的引入，为教育者提供了更丰富、灵活的教学资源。通过这些工具，教育者可以根据学生的不同学科水平和兴趣，选择合适的教学内容和方法。同时，技术支持能够实现多样化的教学资源的交互使用，使学生更容易获得个性化的学习体验。

技术支持促进了个性化学习中的学生自主性和主动性。在线学习平台、虚拟实境等技术工具为学生提供了更多选择学习路径和方式的机会。学生可以根据自己的学习需求和兴趣，在多样化的学习资源中进行选择。这种自主性和主动性的学习方式有助于激发学生的学习兴趣，培养其独立思考和解决问题的能力。

在技术支持下，个性化学习强调了实时的学习反馈。学习分析工具和智能化评估系统可以实时收集学生在学习过程中的数据。这种实时反馈有助于教育者更好地了解学生的学习状态，发现问题并及时进行调整，同时能够为学生提供针对性的建议和资源，促使其更好地理解和掌握学科知识。

技术支持还能够提供更加个性化的学习路径和内容。通过智能算法和数据分析，教育者可以根据学生的学科水平、学习风格和兴趣，为其制订个性化的学习计划。这种个性化的学习路径和内容更符合学生的实际需求，学生能够更全面、深入地发展。

技术支持有助于拓展学生的学科视野。通过引入虚拟实境、在线合作工具等技术手段，学生可以在虚拟环境中进行实践和互动。这种全新的学科体验有助于深化学生的学科认知，促使其更深层次地理解职业领域的知识，掌握技能。

技术支持在职业教育智慧教学中的个性化学习实践中发挥了重要作用。通过整合多样化的在线学习工具、智能化的学习分析系统等技术手段，更好地满足学生的个体差异，增强学习效果。随着技术的不断发展，技术支持将继续成为个性化学习实践的重要推动力，为职业教育创建更加智慧和灵活的学习环境。

第二节　合作学习与社交化教学

一、合作学习在职业教育智慧教学中的理论基础

（一）合作学习的内涵

合作学习在职业教育智慧教学中的理论基础涉及多个层面，包括社会认知理论、建构主义理论和社会文化理论等。这些理论为合作学习提供了深刻的理论支持，使其成为职业教育中一种有效的教学方法。

社会认知理论强调个体学习是在社会互动中构建的过程。在职业教育智慧教学中，合作学习通过促进学生之间的合作和互动，创建社会性学习环境，有助于学生更好地理解和应用知识。社会认知理论认为学习

是社会性的，通过合作学习，学生能够在群体中分享思想，获得多元的观点，从而进行更深层次的学习。

建构主义理论强调学习是通过主动建构知识的过程。合作学习的核心理念是学生通过与他人互动，共同建构知识。在职业教育智慧教学中，合作学习能够通过小组讨论、共同解决问题等形式，激发学生的主动性和参与度，使其在实际操作中更好地理解和应用所学知识。

社会文化理论强调学习是社会和文化环境中的社会实践。在职业教育智慧教学中，合作学习通过在实际职业场景中模拟合作、共同完成任务等方式，将学生置于真实的社会实践环境中，培养其实际操作技能和团队协作精神。社会文化理论认为学习是一种社会实践，合作学习有助于将学生融入实际的职业社会文化。

合作学习借鉴了社会互动理论的思想，认为学习是在社会互动中发展的过程。通过小组合作、团队项目等形式，学生在互动中共同解决问题、交流观点，从而促进知识更深层次的建构。社会互动理论认为学习是通过社会交往来实现的，合作学习为学生提供了与他人交流、合作的平台。

在职业教育智慧教学中，合作学习的理论基础还体现在个体与技术工具的互动上。教育技术的发展为合作学习提供了更多可能，通过在线平台、虚拟实验室等技术工具，学生可以更便捷地进行协作学习，促进信息的共享和互动。

合作学习在职业教育智慧教学中的理论基础主要包括社会认知理论、建构主义理论、社会文化理论和社会互动理论等。这些理论认为学习是社会性的、主动建构的过程。通过合作学习，学生能够在社会互动中建构知识，培养实际操作技能，并将学习置于真实的社会实践环境中。同时结合教育技术，使合作学习在职业教育智慧教学中更为灵活和高效。

（二）合作学习设计的原则

1.有效的小组协作设计

在职业教育智慧教学中，小组协作设计作为一种有效的合作学习方法，其理论基础主要涉及社会认知理论、建构主义理论、社会文化理论和协作学习理论等多个层面。

社会认知理论强调个体学习是在社会互动中构建的过程。小组协作设计在职业教育中创建了社会性的学习环境，通过小组讨论、共同解决问题等方式，促进学生之间的合作和互动。社会认知理论认为学习是社会性的，小组协作设计有助于学生在群体中分享思想、获取多元观点，从而实现更深层次的学习。

建构主义理论认为学习是通过主动建构知识的过程。小组协作设计通过组织学生进行集体思考、共同解决问题，引导学生在合作中主动建构知识。这种方法有助于培养学生的自主学习能力和解决问题的能力，使学习更加深入和实际。

社会文化理论认为学习是社会和文化环境中的社会实践。在职业教育智慧教学中，小组协作设计能够将学生置于真实的社会实践环境中，通过模拟实际职业场景的项目任务、团队协作等形式，培养学生的实际操作技能和社会交往能力。

协作学习理论认为学习是通过合作和协同来实现的。小组协作设计将学生进行分组，共同制订计划、分工协作，使学生在合作中相互学习和共同成长。协作学习理论注重学生之间的互动和共同努力，强调群体的智慧和合作的重要性。

小组协作设计受教育技术理论的影响。借助智能化教育工具、在线协作平台等技术手段，小组协作设计在职业教育智慧教学中更加灵活和高效。技术工具能够支持小组在线协作，为小组成员提供实时沟通和资源共享的平台以及更便捷的合作环境。

小组协作设计在职业教育智慧教学中的理论基础主要包括社会认知理论、建构主义理论、社会文化理论、协作学习理论和教育技术理论等多个方面。这些理论的有机融合使小组协作设计成为一种有力的教学策略，能够促进学生的共同发展，更好地应对未来职业领域的挑战。

2.教学策略与合作学习的整合

在职业教育智慧教学中，合作学习作为一种理论基础，通过促进学生之间的互动和合作，实现知识的共建和实际技能的培养。合作学习的理论基础可以追溯到社会构建主义和认知社会理论等多个学派。

社会构建主义理论强调学习是社会活动的产物，认为个体通过与他人的互动和合作，共同建构知识和技能。在职业教育智慧教学中，这一理论基础指导着教育者通过组织合作学习活动，创建共同学习的社会环境，促进学生之间的知识分享和经验交流。

认知社会理论认为学习不仅是个体内部的认知过程，还包括与社会环境的互动。合作学习正是基于这一理论基础，使学生通过合作和对话，更好地理解和应用知识。在职业教育智慧教学中，这一理论基础推动了教育者设计以合作为主导的学习任务，使学生能够在团队中共同解决问题，提高实际操作能力。

社交认知理论是合作学习的重要理论基础之一。该理论认为个体的学习是在社会互动中发展的，学生通过观察、模仿和共同参与来获得知识和技能。在职业教育智慧教学中，合作学习侧重于通过小组合作、项目实践等方式，营造具有社交互动性的学习环境，学生能够从团队合作中获取更丰富的学习体验。

合作学习的理论基础应考虑文化的理论影响。文化理论强调学习是社会历史和文化积累的产物，强调社会环境对学习的塑造作用。在职业教育智慧教学中，通过组织合作学习，学生可以更好地融入职业文化，理解行业的历史发展脉络，提升职业素养。

个体差异理论在合作学习的理论基础中占有一席之地。个体差异理论认为学生具有不同的学习风格和认知水平，因此需要灵活的教学策略。合作学习通过小组内外的互动，充分考虑个体差异，提供多样化的学习途径，更好地满足学生的个性化学习需求。

合作学习的理论基础包括情感社会学习理论。情感社会学习理论认为情感和社会因素在学习中发挥着重要作用。通过合作学习，学生能在团队中建立情感联系，激发学习动机，学习更具有情感色彩，提高学习的深度和持久性。

综合来看，合作学习在职业教育智慧教学中的理论基础涵盖社会构建主义、认知社会理论、社交认知理论、个体差异理论及情感社会学习理论等多个层面。这些理论基础共同构建了一个综合而有力的框架，推动了合作学习在职业教育中的广泛应用，促进了学生的全面发展。

二、社交化教学在职业教育智慧教学中的实践与策略

（一）教育理论与社交化教学

在职业教育智慧教学中，融入社交化教学成为推动学生综合素养和职业技能发展的关键策略。社交化教学注重学生之间的互动与合作，强调学习社区的建设，通过不同的教育理论支持，实现在智慧教学中的实践。这一教学模式有助于培养学生的团队协作能力、沟通技巧和解决实际问题的能力，从而更好地应对职业领域的挑战。

社交化教学与社会建构主义理论相辅相成。社会建构主义认为知识是在社交互动中建构的，个体通过参与社会活动和交往，从中构建和获得知识。在职业教育中，社交化教学可以通过建立学习社区、小组合作等方式，帮助学生共同探讨和解决实际问题，实现知识的社会建构。这种基于社会建构主义理论的社交化教学实践有助于学生在协作中形成更为深刻的理解，培养其实际应用知识的能力。

社交认知理论为社交化教学提供了理论支持。社交认知理论强调学习是一种社交活动，通过与他人的互动，学生能够共同解决问题、分享观点，从而提高自己的认知水平。在职业教育智慧教学中，教育者可以设计具有挑战性的问题和项目，激发学生的思辨和合作能力，通过社交化教学达到知识深度共同建构的目的。

连接主义理论强调学习是通过建立广泛的网络连接，获取和分享信息的过程。在社交化教学中，连接主义理论的核心思想得到了应用。通过建立虚拟社交平台、在线学习社区等，学生可以连接更广泛的知识资源和学习群体，获取更多实际案例和经验。这种社交化的学习环境有助于学生更全面地理解职业领域的知识，拓宽学科视野。

社交化教学与建构主义理论有密切联系。建构主义理论认为学生通过主动参与建构自己的知识结构。在社交化教学中，学生通过与同伴的互动和合作，参与实际项目和解决问题的过程，掌握职业技能、积累经验。这种基于建构主义理论的社交化教学模式能够使学生更深层次地理解和应用所学内容。

在社交化教学的实践中，有一些关键策略需要特别强调。教育者需要设计具有挑战性和实际意义的任务和项目，以激发学生的兴趣和动力。营造积极合作的学习氛围，鼓励学生分享经验、观点和资源，促使他们相互学习。同时，借助智慧教学技术，建立在线学习社区，促进学生的互动和合作；及时提供反馈，引导学生思考和改进，促使他们在社交化学习中不断提升。

社交化教学在职业教育智慧教学中的实践是基于多种教育理论的整合，强调学生的社交互动和合作。通过这一教学模式，学生能够在解决实际问题的过程中培养实际应用技能，形成更为深刻的学科理解，更好地迎接职业领域的挑战。

（二）技术支持与社交化教学

在职业教育智慧教学中，技术支持和社交化教学相互交织，成为推动学生学习和职业发展的重要策略。这两者的有机结合为学生带来更加丰富和全面的学习体验。

技术支持在社交化教学中发挥了关键作用。教育技术（如在线协作平台、虚拟实验室、社交媒体等工具）的应用，为学生提供了更灵活和便捷的学习途径。技术支持不仅拓宽了学生获取信息的渠道，还促进了学生之间的互动和合作。

社交化教学强调学习是一种社会性的活动，技术支持通过提供在线社交平台，加强了学生之间的互动。学生可以通过在线讨论、合作项目等方式，共享知识和经验，促进集体智慧的发展。社交化教学使学习不再是孤立的个体活动，而是一个共同构建知识的过程。

在职业教育智慧教学中，技术支持与社交化教学的实践体现在多个方面。通过在线平台，学生可以轻松地分享实际职业经验、行业动态和相关资源，学习更加贴近实际。技术工具为学生提供了获取实时信息和进行即时交流的机会，有助于建立学生与学生之间以及学生与教师之间的紧密联系。

虚拟实验室和模拟实训工具的应用使学生在虚拟环境中进行实际的职业实践，同时通过在线协作平台，与同学一同完成实验项目，促进团队协作和互助学习。这样的实践模式既减少了学生对实际设备和场地的需求，又提高了学生在实际应用中的技能水平。

社交化教学在职业教育智慧教学中注重学生之间的互助与合作。学生可以通过社交媒体平台或在线小组讨论分享自己的学习心得、解决问题的方法，建立良好的学习社区。技术支持使得这种社交化的学习更加便捷和高效，有助于激发学生的学习兴趣和动力。

个性化学习路径设计是技术支持与社交化教学的实践之一。通过教育技术工具的支持，教育者可以根据学生的学习特点和需求，制订个性化的学习计划。同时，社交化教学使学生相互分享个性化学习路径的经验和成果，形成更加丰富的学习生态。

技术支持与社交化教学在职业教育智慧教学中的实践与策略相辅相成。通过技术工具的运用，学生可以更加便捷地获取信息、进行实践和进行社交化学习，教育者可以更好地设计个性化的教学路径，引导学生在社交化学习中发展自己的职业素养和技能。这一有机结合为学生带来更加丰富和全面的学习体验，有助于他们更好地应对职业领域的挑战。

第三节　游戏化教学与模拟实践

一、游戏化教学在职业教育中的理论与实践

（一）游戏化教学概述

游戏化教学是一种将游戏元素和设计原则融入教育过程的教学方法。在职业教育中，游戏化教学不仅能够激发学生的学习兴趣，还能够增强实际操作技能，提升职业素养。以下是对游戏化教学在职业教育中的理论与实践的综合论述。

　　理论基础游戏化教学的理论基础之一是行为主义学派。行为主义理论认为学习是一种可观察的行为变化，游戏化教学通过布置任务、建立奖励机制，引导学生形成积极的学习行为，促进技能的快速掌握。

　　认知理论为游戏化教学提供了理论支持。认知理论强调学生的思考、理解和解决问题的过程，游戏化教学通过设定挑战、解谜和决策环节，在游戏情境中进行认知活动，加深学习对知识的理解。

　　情感社会学习理论认为情感和社交因素在学习中发挥着重要作用。游戏化教学营造愉悦的学习氛围、鼓励合作与竞争，使学生更加投入学习，增强学习的情感体验。

　　自我决定理论为游戏化教学提供了关于动机的理论基础。该理论认为学生在学习中具有自主性、能力感和归属感。游戏化教学通过设定可选择的学习路径、提供个性化的反馈，激发学生内在的学习动机。

　　在职业教育中，游戏化教学的实践应用体现在多个方面。通过模拟职业场景，学生能够在虚拟环境中进行实际操作，提高技能熟练度。例如，通过虚拟实验室模拟实际操作，让学生在安全的环境中进行技能训练。

　　游戏化教学可以增强学生的合作与竞争意识。通过布置团队任务、竞技比赛等元素，学生在协作中能够互相支持，同时在竞争中追求更好的表现，培养团队协作和竞争意识。

　　游戏化教学注重实时反馈和奖励机制。学生在游戏化环境中能够得到及时的成绩反馈，获得奖励和认可，激发学习兴趣，调动学习的积极性。个性化学习是游戏化教学的又一实践特点。通过布置多样化的任务和关卡，根据学生的学习水平和需求提供不同难度和类型的游戏化内容，满足学生的个性化学习需求。游戏化教学注重学生参与度的提升，通过引入角色扮演、故事情节等元素，学生能够沉浸于学习情境中，提高学习的参与度和趣味性。

　　在实践中，游戏化教学也面临一些挑战。游戏化教学需要精心策划，以确保游戏元素与教学目标的有机融合。不合理的游戏设计可能导致学生偏离学科内容，降低学习效果。

　　教育者需要具备一定的技术能力，能够熟练运用游戏化教学平台和工具。这要求教育者在教学设计和技术应用方面具备跨学科的知识和技能。

游戏化教学还需关注学生过度依赖游戏元素而忽视实质学习的问题。教育者在实践中需要平衡游戏化元素和学科知识的结合，确保学生在游戏中真正获得有价值的学习经验。

随着技术的不断发展和教育理念的演进，游戏化教学将不断创新和完善。更加智能化的游戏化教学平台、更复杂的游戏设计、更个性化的学习路径将成为可能，从而为职业教育带来更为丰富和深入的学习体验。

（二）教育理论与游戏化教学

1.行为主义、构建主义与连接主义的角色

在职业教育中，游戏化教学是一种融合了行为主义、建构主义和连接主义理论的教育实践。这一教学方法通过模拟真实情境，激发学生的学习兴趣，培养实际应用技能，从而适应职业领域的需求。

行为主义理论在游戏化教学中体现为对学生行为的塑造和强化。通过设置明确的游戏规则和目标，激发学生的竞争心理和合作精神。行为主义强调通过奖励和惩罚来影响学生的学习行为，而游戏化教学通过设立奖励机制、评分系统等来引导学生积极参与，形成明确的学习行为模式。

建构主义理论在游戏化教学中注重学生在学习中的主动参与和知识建构。通过扮演不同角色，学生能够深入情境，通过互动和合作与他人交流，构建自己的知识体系。建构主义认为学习是一个个体在社交互动中构建知识的过程，而游戏化教学为学生提供了创造性和实践性的学习环境，促使他们主动思考和解决问题。

连接主义理论强调学习是通过建立广泛的网络联系，获取和分享信息的过程。在游戏化教学中，学生通过角色扮演和互动，建立实际应用知识的连接。这种基于连接主义的教学模式能够使学生更广泛地获取信息，与同行学生和行业专业人士建立联系，从而更全面地理解职业领域的知识和技能。

实践中，游戏化教学需要教育者巧妙结合这三种理论，设计具有挑战性和实际意义的角色任务和情境。通过设计明确的学习目标和任务，引导学生形成正确的行为模式。同时，注重学生之间的互动和合作，营造积极的学习氛围。在评价和反馈方面，结合行为主义的奖励机制，建构主义的知识构建过程，以及连接主义的广泛网络联系，为学生提供全面而及时的反馈，进一步激发其学习动力。

在职业教育中，游戏化教学能够更好地培养学生的实际应用能力和团队协作精神。通过模拟职业情境，学生能够在虚拟环境中进行实际操作和决策，提高其解决实际问题的能力。同时，通过角色扮演和团队协作，培养学生在职场中所需的社交技能和沟通技巧。

游戏化教学在职业教育中融合了行为主义、建构主义和连接主义的理论，为学生带来实践性和趣味性更强的学习体验。这一教学方法促使学生在模拟的职业环境中构建知识、形成良好的行为模式，并通过广泛的网络联系获取更多的信息。在未来的职业教育中，游戏化教学有望成为一种重要的创新教学方法，培养学生更全面的职业素养。

2.游戏化教学在不同教育理论下的应用

教育的本质在于激发学生的学习兴趣和潜能，使其在不断变化的社会中具备适应能力。在职业教育领域，游戏化教学作为一种创新的教学方法，为学生带来更具吸引力和参与度的学习体验。从不同的教育理论视角来看，游戏化教学在职业教育智慧教学中的实践与策略可谓多层次而全面。

行为主义理论强调学习是对刺激和响应的反应，游戏化教学通过设定明确的目标和奖励机制，激发学生的积极学习行为。在职业教育中，可以设计虚拟任务和挑战，让学生在模拟的职业环境中体验实际工作场景，从而培养其实际操作技能和解决问题的能力。

认知构建主义理论认为学生通过与环境的互动，构建自己的知识体系。游戏化教学可以提供情境化的学习场景，让学生在实际问题中应用知识，促使他们主动思考和探索。在智慧教学中，引入虚拟仿真和沉浸式体验，使学生更深入地理解和应用专业知识。

社会文化理论注重学习是社会实践的结果，游戏化教学可以合作通过协作和竞争元素促使学生在团队中解决问题，模拟真实职业社会中的合作与竞争关系。这样的实践不仅培养了学生的团队合作意识，还增强了他们在职业领域中的社会适应能力。

在实际操作层面，教师可通过设置个性化游戏教学任务，满足不同学生的学习需求。同时，引入实时反馈机制，让学生能够及时了解自己的学习进度和不足之处，从而进行自我调整。结合大数据分析，教师能够更好地了解学生的学习情况，从而有针对性地进行教学调整。

游戏化教学在职业教育智慧教学中的应用，不仅符合不同教育理论的要求，更为学生带来丰富多样的学习体验。通过引入刺激、挑战和合作等元素，游戏化教学激发了学生的学习兴趣和动力，培养了他们实际应对职业挑战的能力。随着技术的不断发展，游戏化教学将在职业教育中发挥更为重要的作用，推动学生的全面发展，以适应未来社会的需求。

二、模拟实践在职业教育智慧教学中的应用与效果

（一）教育理论与模拟实践

职业教育作为一种培养学生实际工作技能的教育形式，其核心在于将理论知识与实际操作相结合。模拟实践作为一种重要的教学手段，通过复制真实场景，给学生提供实际操作的机会，从而更好地培养他们在职业领域的应用能力。在职业教育智慧教学中，模拟实践发挥着重要的作用，能为学生带来更贴近实际的学习体验，促使其更好地理解和掌握所学知识。

模拟实践能够激发学生学习的兴趣。与传统的理论教学相比，模拟实践更注重学生的亲身参与和实际操作。在模拟实践中，学生可以身临其境地感受真实的工作环境，从而激发他们对学科的兴趣。通过参与模拟实践，学生能够更加深入地了解所学内容的实际应用，这种亲身体验将激发学生对知识的好奇心和求知欲，从而更主动地参与学习过程。

模拟实践有助于培养学生的实际操作能力。在职业教育中，学生需要掌握一定的实际技能，仅通过理论知识的传授很难使他们真正具备实

际操作的能力。模拟实践提供了一个安全的学习环境，使学生能够在模拟场景中反复练习，逐渐掌握实际操作的技能。通过这种反复的模拟实践，学生能够在真实工作中更加熟练地运用所学知识，从而提高其职业素养和竞争力。

模拟实践能够促进学生的团队协作和沟通能力。在模拟实践中，学生往往需要与同学合作，共同完成任务。这种团队协作的模式不仅能够培养学生的团队协作精神，还能够锻炼他们的沟通能力。在现实工作中，团队协作和良好的沟通是取得成功的重要因素，有助于学生更好地适应未来职业发展的需求。

模拟实践在职业教育智慧教学中具有显著的应用效果。通过激发学生学习兴趣、培养实际操作能力及促进团队协作和沟通能力，模拟实践为学生带来更为丰富和全面的学习体验。在不断发展的职业教育领域深入地探讨和应用模拟实践的方法，有助于培养全面和具有实际应用能力的职业人才。

（二）技术支持与模拟实践

技术支持是现代职业教育中不可或缺的一部分，模拟实践作为一种教学手段，在智慧教学中发挥着重要作用。技术支持与模拟实践的结合，不仅可以提升学生的实际操作能力，还能够激发学习兴趣，培养创新思维和解决问题的能力。

在职业教育中，技术支持通过提供先进的教育工具和资源，为学生创建了更加丰富的学习环境。通过虚拟实验室、模拟软件等技术手段，学生能够在安全的环境中进行实际操作，提高实际技能。这种技术支持不仅节约了资源成本，还可以随时随地进行学习，使教育更加灵活和便捷。

模拟实践作为一种具体的教学方法，在职业教育中展现出独特的优势。通过模拟实践，学生可以在虚拟的场景中进行真实的操作，深化对知识的理解。模拟实践不仅可以在学习过程中帮助学生发现和解决问题，还能够培养其在实际工作中迅速应对挑战的能力。这种直观的学习方式可以激发学生的学习兴趣，增强其学习的积极性和主动性。

技术支持与模拟实践的结合，使得职业教育更加符合现代社会的需求。在信息时代，技术支持为模拟实践提供了更为广阔的发展空间。虚拟现实、增强现实等先进技术的应用，使得模拟实践更具真实感和沉浸感，增强了学生的参与感。这种技术支持下的模拟实践，不仅可以培养学生的实际操作技能，还能够培养其团队协作和创新能力。

技术支持与模拟实践的结合在职业教育中发挥着重要作用。通过提供先进的教育工具和资源，技术支持为学生创建了更加丰富的学习环境。模拟实践作为一种具体的教学方法，通过直观的学习方式深化了学生对知识的理解，培养了其实际操作和解决问题的能力。技术支持与模拟实践的有机结合，为职业教育的智慧教学提供了有效的手段，使得学习更加灵活、生动，富有挑战性。

第四节　创新教学技术

一、职业教育智慧教学的创新技术概述

（一）创新教学技术的定义与特征

创新教学技术被定义为一种利用先进科技手段，推动教育方法、教学资源和学习环境的全面更新的过程。其特征主要体现在强调学习的实际应用性，促进个性化学习，提倡跨学科合作，以及倡导学生参与式的学习体验。职业教育智慧教学作为创新教学技术的应用范畴之一，涵盖多方面的技术应用，为学生提供了更加灵活、多样化和实用性强的学习方式。

创新教学技术的一个显著特征是强调实践应用。在职业教育智慧教学中，学生通过虚拟仿真、实际操作和实地实习等方式，将所学理论知

识真实地运用于职业实践。这种强调实践应用的特征有助于培养学生的实际操作技能，提高他们在职场中的适应能力。

个性化学习是创新教学技术的另一突出特征。通过智能化的学习系统，教育者可以根据每个学生的学习风格、兴趣和水平，量身定制个性化的学习路径，提供个性化的教学资源。这种差异化的教学方式能够更好地满足学生的学习需求，增强学习效果。

跨学科合作也是创新教学技术的重要特征之一。在职业教育智慧教学中，融合不同学科领域的知识和技能，能促使学生更全面地理解和解决实际问题。跨学科的教学方法有助于拓展学生的思维，培养他们的创新能力和综合应用能力。

学生参与式的学习体验是创新教学技术的显著特征。通过引入互动式教学设计、虚拟实验和在线合作项目，职业教育智慧教学使学生成为学习的主体，激发他们的兴趣和积极性。这种学生参与式的学习体验有助于激发学习动力，培养学生的团队协作和沟通能力。

创新教学技术在职业教育智慧教学中的应用呈现出强调实践应用、个性化学习、跨学科合作和学生参与式学习体验的显著特征。这种特征使职业教育更好地适应现代社会对人才的需求，为学生提供更富有活力和实用性的学习环境，推动职业教育不断迈向更高水平。

（二）教学设计与创新教学技术

1.教学设计中创新教学技术的融合

教学设计中创新教学技术与职业教育智慧教学的融合，是一项关键而复杂的任务。这一进程不仅涉及技术领域的创新，也需要深入理解职业教育的本质和学生需求。在现代教育环境中，融合创新教学技术的教学设计成为推动职业教育智慧教学不可或缺的一环。

虚拟现实（VR）技术在教学设计中的应用为职业教育注入了全新的活力。通过VR技术，学生可以在虚拟的环境中体验真实的工作场景，从而更好地理解和适应职业需求。这种沉浸式的学习体验不仅可以加深学生的学科理解，还可以增强他们的实际操作技能。同时，VR技术还能够帮助教师设计更具创意和个性化的教学内容，增强教学效果。

人工智能（AI）技术在教学设计中的融合为职业教育带来了更智能化的教学方式。通过分析学生的学习行为和表现，AI技术可以为教师提供个性化的教学建议，帮助他们更好地满足学生的个性化学习需求。同时，AI技术可以用于开发智能化的学习资源，给学生带来更加多元和有针对性的学习体验。这种智能化的教学设计有助于增强学生的学习效果，提高教学质量。

混合式学习是另一种创新教学技术的融合方式，将传统的面对面教学与在线学习相结合。通过这种方式，学生既可以在教室中与教师和同学互动，又可以通过在线平台获取更灵活的学习资源。这种混合式学习为职业教育提供了更灵活的学习选择，学生能够更好地根据自己的学习节奏和需求进行学习。

增强现实（AR）技术的融合为职业教育智慧教学加入了更多的互动元素。通过AR技术，教师可以将虚拟元素叠加在现实世界中，创设更具趣味性和实用性的学习场景。学生通过与增强现实场景的互动，不仅能够更好地理解抽象的概念，还能够提高实际操作技能。这种互动性的教学设计有助于激发学生的学习兴趣，使他们更积极地参与学习过程。

教学设计中创新教学技术的融合为职业教育智慧教学带来了全新的可能。通过引入虚拟现实、人工智能、混合式学习和增强现实等创新技术，教育者能够更好地满足学生的个性化学习需求，提高教学质量，促进职业教育与时俱进。这一创新过程不仅是对技术的应用，更是对教育理念和方法的深刻思考和改进。

2.创新教学技术对教学模式的影响

创新教学技术在职业教育智慧教学中扮演着重要的角色。职业教育一直以来都面临着适应不断变化的社会需求和技术发展的挑战，创新教学技术的引入为教学模式带来了深刻的影响。这些技术的概述涵盖多个方面，虚拟现实、在线学习及个性化教育等都对职业教育智慧教学产生了积极的创新影响。

虚拟现实技术是职业教育中的一项重要创新。通过模拟真实工作场景，虚拟现实技术为学生提供了更具体的实践体验，有助于培养学生的实际操作技能。学生可以在虚拟环境中进行安全的实际练习，这不仅节省了资源成本，还提高了学生在实际工作中的适应能力。

在线学习平台的普及也给职业教育的教学模式带来了巨大的改变。学生可以随时随地访问教学资源，灵活安排学习时间。在线学习促使教师采用更富有创意和互动性的教学方法，推动教学模式从传统的面对面授课向更为开放和灵活的方向发展。

个性化教育是另一个受到广泛关注的创新领域。利用先进的教学技术，教师能够更好地了解每个学生的学习需求和能力水平，为他们带来定制化的学习体验。这有助于激发学生的学习兴趣，增强学习效果，使学生在自己的学习速度和方式上更具主动性。

智能辅助教学工具的发展为职业教育注入了新的动力。人工智能技术可以分析学生的学习数据，提供个性化的反馈和建议。通过智能辅助教学，教师能够更好地监测学生的学习过程，及时调整教学策略，以更好地满足学生的学习需求。

创新教学技术对职业教育智慧教学的影响深远且多重。虚拟现实、在线学习、个性化教育及智能辅助教学工具等技术的融入，使得教学模式更加灵活、贴近实际需求，激发学生的学习热情和创新潜力。这些创新技术的不断演进和应用，将进一步推动职业教育迈向更为智慧、个性化的未来。

二、创新教学技术在职业教育智慧教学中的应用

（一）虚拟现实（VR）和增强现实（AR）技术

随着科技的不断发展，虚拟现实（VR）和增强现实（AR）技术作为创新教学技术已经逐渐在职业教育智慧教学中得到广泛应用。这些技术不仅为学生带来了更加直观、沉浸式的学习体验，还拓展了教学方法和手段，增强了教学效果。

虚拟现实（VR）技术为职业教育带来了全新的学习方式和体验。通过VR设备，学生可以身临其境地参与模拟的职业场景，进行真实感十足的操作和实践。例如，在医学职业教育中，学生可以使用VR设备进行手术模拟，提高手术技能和应急处置能力。在工程职业教育中，学生可以

利用VR技术进行机械设备的维修和操作培训，减少实际操作风险和成本。这种沉浸式的学习体验不仅能够激发学生的学习兴趣，还能够提高学习效率和质量。

增强现实（AR）技术为职业教育注入了更多的实时信息和交互性。通过AR应用程序，学生可以在现实场景中叠加虚拟信息，实现对实物的实时识别和增强。例如，在建筑设计与施工职业教育中，学生可以利用AR技术在现场测量和定位，辅助设计和施工过程，提高工作效率和准确度；在汽车维修与技术职业教育中，学生可以利用AR应用程序在汽车引擎中叠加虚拟的维修指导，实时获取维修信息和操作步骤，提高维修技能和速度。增强现实技术的应用丰富了教学场景，使学习更加生动、实用。

虚拟现实和增强现实技术的应用可以促进跨地域合作和远程教育。通过VR和AR技术，学生可以在虚拟空间中与全球范围内的同学和教师进行实时互动和合作。这种跨地域合作模式不仅可以打破地域限制，还可以促进国际教育交流与合作，拓展学生的视野和思维。

然而，虚拟现实和增强现实技术在职业教育智慧教学中的应用还面临一些挑战和问题。第一，高昂的设备成本和技术门槛限制了这些技术的普及和应用范围。第二，技术的更新换代速度较快，需要持续投入研发和更新，以保持领先地位。第三，需要解决内容资源的丰富性和质量问题，以满足不同职业领域的教学需求。

虚拟现实和增强现实技术作为创新教学技术，在职业教育智慧教学中具有广阔的应用前景和重要意义。通过不断探索和创新，进一步发挥这些技术的优势，提高教学质量，增强效果，推动职业教育向更加智慧化、个性化的方向发展。

（二）制作工具和创客教育

制作工具和创客教育的融合为职业教育智慧教学带来了新的可能。随着科技的不断进步和教育理念的更新，创新教学技术在职业教育中的应用变得更加重要。下面探讨制作工具和创客教育在职业教育智慧教学中的应用。

制作工具和创客教育作为基于实践和体验的教学方法，强调学生通过动手实践来深入理解和应用知识。在职业教育智慧教学中，创新教学技术的应用可以通过多种方式实现。

首先，制作工具和创客教育可以为学生提供丰富多样的学习资源和实践机会。通过3D打印、激光切割、编程等技术，学生可以制作实物模型、原型产品等，加深对专业知识和技能的理解和掌握。例如，在机械加工专业教学中，学生可以利用数控机床等设备制作零件，实践CAD/CAM技术，提升实际操作能力。

其次，制作工具和创客教育可以促进学生的创新能力和解决问题的能力。通过参与项目设计、产品开发等实践活动，学生不仅可以培养团队合作意识和沟通能力，还可以锻炼创新思维和创造力。例如，在电子商务专业教学中，学生可以参与虚拟商城的设计与运营，从市场调研、产品定位到网站搭建等环节，全面提升自己的创业能力和实践能力。

最后，制作工具和创客教育可以促进跨学科的融合和综合能力的培养。在职业教育智慧教学中，学生不仅需要掌握专业知识和技能，还需要具备跨学科的综合能力和创新思维。通过跨学科的项目设计和实践活动，学生可以将所学知识和技能应用于实际问题的解决，培养综合应用能力和创新意识。例如，在建筑设计专业教学中，学生可以利用虚拟现实技术进行建筑模型的设计与展示，同时结合文化、艺术、经济等多方面因素，提升综合素养和跨学科能力。

制作工具和创客教育在职业教育智慧教学中的应用具有重要意义。通过创新教学技术的引入和应用，更好地促进学生的实践能力、创新能力和综合能力的培养，为其未来的职业发展打下良好的基础。因此，教育机构和教师应积极探索和实践创新教学方法，不断完善教学体系，为学生带来更加丰富多样的学习体验，提供更多发展机会。

第四章　职业教育智慧教学的学习管理系统与工具

第一节　职业教育智慧教学平台与系统

一、职业教育智慧教学平台概述

（一）智慧教学平台的定义与特征

智慧教学平台是一种整合先进技术和教育资源的综合性教学工具，旨在为职业教育提供更高效、灵活、个性化的学习环境。该平台具有多种特征，涵盖了技术创新、个性化学习、实践体验等方面，为学生和教师提供了更全面的教育支持。

智慧教学平台的核心特征之一是技术创新。该平台集成了先进的技术手段，如虚拟现实、人工智能、大数据分析等，以带来更为丰富、多样化的教学体验。通过技术创新，教学平台能够模拟真实的工作场景，帮助学生在虚拟环境中进行实际操作，提高他们的实际应用能力。

智慧教学平台注重个性化学习。通过对学生学习数据的分析，平台能够更好地了解每个学生的学习风格、兴趣和水平。基于这些信息，平台可以为每个学生提供定制化的学习计划和教学资源，以满足其个性化的学习需求。这有助于增强学生的学习动力和效果。

实践体验是智慧教学平台的又一显著特征。通过虚拟实验室、模拟软件等工具，学生可以在虚拟环境中进行实际操作，体验实际工作场景。这种实践体验不仅能够帮助学生更好地理解理论知识，还能够培养他们的实际操作技能，增强他们在职业领域中的适应能力。

智慧教学平台强调协作和互动。通过在线学习平台、社交媒体等工具，学生能够与同学、教师及业界专业人士进行实时的互动和合作。这种协作机制不仅拓展了学生的学习视野，还培养了他们的团队协作和沟通能力。

智慧教学平台强调实时反馈。通过监测学生在学习过程中的表现，平台可以及时提供反馈并进行评估。这有助于学生及时调整学习策略，更好地理解和掌握知识点。

智慧教学平台作为职业教育的重要组成部分，通过技术创新、个性化学习、实践体验、协作互动和实时反馈等方面，为学生提供更为全面、灵活、智慧的学习环境，有助于培养学生更适应职业发展需求的综合素质。

（二）智慧教学平台的架构与功能

1.平台的技术架构

职业教育智慧教学平台的技术架构是平台设计的关键，直接关系到平台的性能、可扩展性和用户体验。该平台的技术架构应具备高度的灵活性和可定制性，以满足不同领域、专业和学科的教学需求。

平台的基础架构需采用分布式系统设计，通过多个独立的组件协同工作，实现资源的高效利用和系统的可扩展。分布式架构可以支持大规模用户同时在线学习，保障平台的高性能和稳定性。

平台需要整合先进的云计算技术。云计算可以支持弹性扩展，根据用户需求自动调整计算和存储资源，确保平台在面对不同规模的用户访问时保持高效运行。

在数据存储方面，采用分布式数据库系统，支持大规模的数据存储和高效检索。同时，引入缓存技术，加快数据读写速度，确保用户在平台上的学习体验流畅而不受制约。

为了实现多样化的教学资源和内容的交互展示，平台应采用先进的内容分发网络（CDN）技术。CDN能够将教学内容分发到离用户更近的服务器，加快内容加载速度，减少教学过程中的延迟，为用户带来更好的在线学习体验。

安全性是智慧教学平台的重要关切点，因此需要建立完善的安全防护体系。采用多层次的安全措施，包括数据加密、身份认证、访问控制等，以确保用户数据的隐私和平台的安全。

为了更好地支持个性化学习，平台的技术架构还应包括智能推荐系统。通过分析学生的学习行为和表现，该系统可以为每个学生提供个性化的学习路径，推荐适合其水平和兴趣的学习资源，增强学习效果。

为了实现平台的可持续发展和升级，技术架构需要具备模块化和可插拔的设计。这样，平台可以根据教育需求和技术进步，引入新的功能模块、接口和技术创新，保证平台长期可用，保持其领先地位。

职业教育智慧教学平台的技术架构应该是一个高度灵活、可定制、高性能、安全可靠、可扩展的系统。这样的技术架构能够为学生带来更好的学习体验，为教育者提供更灵活的教学工具，促进职业教育的创新和发展。

2.教学支持功能和工具

职业教育智慧教学平台的教学支持功能和工具构建了一个全面的学习生态系统，为学生和教育者提供了丰富的教育资源和支持工具。这些功能和工具的整合旨在促进教育过程中的互动、个性化学习和实践应用，以满足职业教育的多元化需求。

平台应提供多媒体教学资源，包括视频、音频、图像等，以满足不同学科和专业的教学需求，为学生提供丰富的学习内容，帮助他们更好地理解和掌握专业知识。

在线作业和考试系统是教学支持的重要组成部分。教育者可以通过这些工具布置作业、进行考核，并为学生提供即时反馈。这有助于促使学生主动参与学习，及时调整学习策略。

为了提高学生的实际操作能力，虚拟实验室和模拟实践环境也是教学支持中不可或缺的工具。通过这些虚拟环境，学生可以在模拟的实际场景中进行实际操作，加深对专业技能的理解和应用。

互动式学习工具是促进学生参与和合作的重要手段。在线讨论、群组项目、远程协作等工具可以帮助学生进行团队合作，加强沟通，同时为他们提供了分享和交流经验的平台。

教育者在职业教育中常需要针对不同学生的学习特点进行个性化指导。为此，个性化学习路径和推荐系统成为了教学支持中的重要一环。通过分析学生的学习历史和行为，平台可以为每个学生提供个性化的学习计划和建议，以满足其学习需求。

实时监测和反馈系统也是教学支持中的关键组成部分。通过这些系统，教育者可以实时了解学生的学习状态，及时调整教学策略。学生也能够获得即时的反馈，更好地了解自己的学习进展和不足。

平台还应提供职业导航和就业支持功能，包括职业规划、实习机会信息、招聘信息等。通过这些功能，学生能够更好地了解职业市场，规划自己的职业发展道路。

职业教育智慧教学平台的教学支持功能和工具致力于为学生提供全方位、个性化的学习支持，为教育者提供更丰富的教学工具和资源。这样的支持系统有助于促进职业教育的创新和发展，培养更适应现代职场需求的专业人才。

二、职业教育智慧教学系统的设计与应用

（一）智慧教学系统的需求与设计

现代职业教育需要一个智慧教学系统，以更好地满足学生的学习需求和社会职业的实际要求。设计和应用职业教育智慧教学系统时需考虑多方面因素，以确保系统的有效性和适用性。

系统的设计应基于深刻的需求分析。了解学生和教师的实际需求是系统设计的基础。通过调查、访谈和反馈等方式，获取各方的真实需求，包括学生的学习习惯、教师的教学风格、行业的实际要求等。只有充分了解这些需求，系统的设计才能更贴近实际，更好地服务于职业教育目标。

系统的设计需要考虑个性化学习的实现。每个学生都有不同的学习风格和节奏，因此，系统应该具备个性化学习路径的能力。通过智能化

技术，系统可以根据学生的学习表现和兴趣，为其定制个性化的学习计划，使学生更主动、更高效地参与学习过程。

系统的设计应注重实际操作的模拟与应用。职业教育的核心在于培养学生的实际操作能力，因此，系统应提供模拟实践的场景和机会。通过虚拟实境（VR）技术，学生可以在系统中进行实际操作的模拟，从而更好地应对真实职业环境的挑战。

系统的设计需要关注教学资源的多样性和丰富性。为了提供更全面的教学内容，系统应整合多种形式的教育资源，包括文字、图片、视频、互动模拟等。这种多样性的资源不仅有助于满足不同学生的学习方式，还可以提供更灵活的学习选择，丰富学生的学习体验。

系统的应用需要注重实时监测和反馈。通过系统的监测功能，教师可以实时了解学生的学习状态和表现，及时调整教学策略。学生也能够获得及时的反馈，了解自己的学习进展和不足之处，以便及时调整学习计划。

职业教育智慧教学系统的设计与应用需要全面考虑学生、教师和行业的实际需求。通过深刻的需求分析实现个性化学习，注重实际操作的模拟与应用，提供丰富的教学资源及实时监测和反馈，确保系统更好地服务于职业教育目标，为学生的职业发展提供更为有力的支持。

（二）教育技术整合与智慧教学系统

教育技术整合是一项复杂而精密的过程，将不同的教育技术融合在一起，构建一个有机且高效的智慧教学系统。这个系统的设计与应用需要综合考虑多方面的因素，以确保在职业教育领域中实现更为灵活、智慧的教学。

系统设计的关键在于整合各类教育技术，包括虚拟现实、在线学习平台、人工智能等。这些技术的协同作用能够带来更为丰富、互动和实践导向的学习体验。虚拟现实技术可以模拟实际工作环境，帮助学生在虚拟场景中进行实际操作。在线学习平台为学生提供了灵活的学习时机和途径，使他们能够根据自身需求进行学习。人工智能技术可以分析学生的学习数据，为他们提供个性化的学习建议，促使学生更深入地理解和掌握知识。

智慧教学系统应该注重教学资源的整合与优化，这包括教材、多媒体资源、实践案例等多种教学资源的整合。通过设计一个便捷且高效的资源获取和分享系统，教师和学生能够更轻松地获取各种有用的教育资源，从而更好地支持教学和学习过程。这有助于提高教学的灵活性和适应性。

智慧教学系统应注重学生和教师的互动和合作。通过设计互动性强、社交性好的学习平台，促进学生之间的合作学习，提高他们的团队协作和沟通能力。同时，教师能够更方便地与学生互动，提供及时的反馈和指导，拓展学习的深度和广度。

系统设计需考虑安全性和隐私保护。在信息技术高度发达的今天，智慧教学系统涉及大量的学生和教师个人信息，因此，系统设计需要充分考虑数据安全、隐私保护等方面的问题，确保学生和教师的信息得到妥善保护。

职业教育智慧教学系统的设计与应用是一个综合性的工程，需要充分整合各种教育技术，优化教学资源，促进学生和教师的互动与合作，同时保障系统的安全性和隐私保护。通过系统的科学设计和合理应用，为职业教育创建更为智慧、高效的教学环境，促进学生的全面发展。

第二节　学习管理系统的功能与应用

一、职业教育智慧教学中学习管理系统的功能

（一）学习管理系统概述

学习管理系统是职业教育智慧教学中的核心组成部分，它以协调、监督和支持学习活动为主要目标。学习管理系统的功能和原理的理解对

于实现智慧教学的目标至关重要。

学习管理系统的功能之一是学生信息管理。该系统通过存储和管理学生的个人信息、学业记录、课程进度等数据，为教育者提供了全面了解学生的基础，有助于制订个性化学习计划。

学习管理系统支持课程管理。教育者可以通过该系统轻松地创建、更新和发布课程内容，包括课程大纲、教学资源、作业等，确保学生学习管理系统获取和理解课程信息。

提供了学习进度跟踪的功能，能够帮助教育者和学生实时了解课程进展，帮助教育者发现学生的学习进度，及时调整教学策略，确保学生按时完成学习任务。

学习管理系统的评估和反馈功能是其核心之一。通过在线考试、作业提交和评分系统，学生能够更方便地参与学习评估，教育者可以及时了解学生的学习表现，并为其提供针对性的反馈。

在个性化学习方面，学习管理系统可以利用学生的学习历史和行为数据，实现智能推荐和定制学习计划。这有助于加深学生对课程内容的理解和掌握，满足不同学生的学习需求。

学习管理系统支持协作学习和社交学习的实施。通过讨论论坛、群组项目等功能，学生能够在平台上共享观点、合作解决问题，提高团队协作和沟通能力。

教育者可以通过学习管理系统轻松地生成学习报告和数据分析。通过对学生的学习行为、成绩和参与度等方面进行分析，教育者可以更全面地了解学生的学习情况，为教学策略的优化提供有力支持。

学习管理系统的原理基于信息技术的应用，主要通过数据库管理系统、在线交互界面、数据分析算法等技术实现。平台通过收集、存储、处理和展示大量学生和课程信息，为教育者和学生提供了一个高效、便捷的学习管理和交流平台。

学习管理系统在职业教育智慧教学中扮演着重要的角色。通过有效的信息管理、学习进度追踪、个性化学习支持等功能，该系统为学生带来更好的学习体验，为教育者提供更多的教学工具和数据支持，促进了职业教育的创新和发展。

（二）功能模块详解

1.用户管理与权限分配

学习管理系统在职业教育智慧教学中扮演着至关重要的角色，其功能与原理直接影响着用户管理与权限分配的有效实施。学习管理系统通过集成多种功能，实现对学生、教师和管理员的全面管理以及灵活的权限分配，从而促进教育资源的最优利用。

学习管理系统的功能涵盖了学生信息管理、课程管理、教学资源管理等多个方面。学生信息管理功能包括学生的个人信息、学业记录等，旨在为学校和教师提供学生全面的学业状况，为精准的教育服务提供数据支持。课程管理功能涵盖课程计划、教学进度等，有助于教育机构更好地组织和安排教学。教学资源管理则包括课件、实验室资源等，通过数字化的方式提供给学生，保证在线学习具有便捷性和实效性。

用户管理是学习管理系统中的一个核心功能，它主要包括学生、教师和管理员的信息管理。学生信息的收集、整合和更新，有助于实现对学生全过程的跟踪和评估。教师信息的管理涉及教学经验、专业背景等，以便为学校提供更全面的师资力量信息。管理员的信息管理主要是关于系统运行和维护的相关信息，保障学习管理系统的正常运转。

权限分配作为学习管理系统中的关键环节，旨在确保每个用户在系统中具备适当的操作权限。这一功能通过角色的划分实现，不同的角色对应不同的权限。例如，教师可以管理课程、发布作业；学生可以查看课程信息、提交作业；管理员具备更高级别的权限，能够对整个系统进行配置和管理。这种分层次、差异化的权限设计，有助于实现系统的灵活运作，确保信息的安全和教学资源的合理利用。

学习管理系统的原理基于信息技术和数据库管理系统。信息技术提供了数字化、网络化的手段，学生、教师和管理员能够通过互联网实现信息的共享和交互。数据库管理系统用于存储和管理大量的学生信息，确保数据的安全性和高效性。这两者的有机结合，构成了学习管理系统的核心原理。

学习管理系统应用了数据分析技术，通过对学生学习行为的监测和分析，为教学决策提供数据支持。系统可以收集学生的学习记录、成绩等信息，通过数据分析，发现学生的学科兴趣、学科薄弱点等，为个性化教学提供依据。

学习管理系统在职业教育智慧教学中的功能与原理是多方面的，通过数字化、网络化的手段，实现对学生、教师和管理员的全面管理。权限分配保障了系统的安全和合理运作。系统的原理基于信息技术和数据库管理系统，通过数据分析技术，实现对学生学习行为的深入了解。这一整体结构为职业教育智慧教学提供了强大的支持，推动了教育的数字化和个性化发展。

2.课程管理与发布

学习管理系统在职业教育智慧教学中扮演着关键的角色，其功能和原理的合理设计对课程管理和发布起着至关重要的作用。

学习管理系统的核心功能之一是课程管理。该系统通过集成各类课程信息，包括课程内容、教学资源、学习目标等，为教师和学生提供了一个便捷而全面的课程管理平台。教师能够轻松制订和更新课程计划，管理课程材料，以及进行评估和反馈。学生可以在系统中查阅课程信息，了解学习任务和目标，以便更好地安排学习时间和精力。

学习管理系统具有灵活的发布功能。通过该系统，教师能够轻松发布课程内容、作业任务、考试安排等信息，实现对学生学习过程的全面管理。同时，学生可以及时获取教学资源和任务，实现随时随地的学习。这种灵活的发布功能有助于提高教学效率，减少信息传递的滞后性，使教学过程更为顺畅。

学习管理系统的原理基于信息技术的广泛应用。系统通过信息数据库的建设，将各类教学资源和学生信息进行系统化整合和管理。这些数据可以通过网络实时传输和更新，保证数据的准确、及时。同时，系统通过安全性控制和权限管理，确保教学信息的保密性和安全性。

学习管理系统还依赖于先进的数据分析技术。通过对学生学习数据的采集和分析，系统能够为教师提供学生的学习情况和表现，帮助其更好地了解学生的学习需求和进展。这种数据分析还可以用于个性化学习推荐，提供针对性的教学建议，以增强学生的学习体验和效果。

学习管理系统的原理包括用户界面的设计和人机交互技术的应用。系统的用户界面应简洁明了，以便教师和学生快速上手。人机交互技术的合理应用有助于提高系统的易用性和用户体验，促进信息的流畅传递和处理。

学习管理系统的功能和原理建立在信息技术、数据分析、用户界面设计和人机交互技术的基础上。通过合理的系统设计和科学的应用，该系统在职业教育智慧教学中能够有效地支持课程管理和发布，提高教学效率，增强学生的学习体验和成效。

二、职业教育智慧教学中学习管理系统的应用

（一）职业教育智慧教学的特殊需求

在职业教育智慧教学中，学习管理系统（LMS）不仅要满足传统教育的要求，还要适应职业教育的独特性。职业教育注重实际操作与实际技能培养，在此背景下，学习管理系统的应用显得尤为重要。

职业教育智慧教学对学习管理系统提出了特殊的需求。LMS需要具备灵活性，能够适应不同职业领域的教学需求。例如，在医学职业教育中，学习管理系统应该支持医学实践的模拟训练，而在工程职业教育中，可能需要结合实际项目进行团队合作。LMS需要能够定制不同领域的学习内容和教学方式。

职业教育智慧教学要求LMS能够提供多样化的学习资源。职业教育强调实际操作和实际技能培养，LMS应该整合虚拟实验、模拟项目、行业案例等多样的学习资源，以便学生更好地理解和应用所学知识。在设计类职业教育中，LMS可能需要支持学生使用专业设计软件，而在医学类职业教育中，LMS可能需要提供实时的医学影像数据。

LMS在职业教育智慧教学中需要强调实时反馈。由于职业教育注重实际操作，学生需要即时得知自己的表现和技能水平。LMS应该具备实时评估和反馈的功能，以帮助学生更好地调整学习策略，及时纠正错误。这对于提高学生的实际职业技能水平至关重要。

LMS在职业教育中需要强化与实际职业场景的连接。职业教育的目

标是培养学生适应职业发展的需求，因此，LMS应该与实际职业场景相贴合。例如，在餐饮服务职业教育中，LMS可以模拟餐厅运营情景，让学生通过虚拟点单、服务模拟等方式提升实际操作能力。

职业教育智慧教学对学习管理系统提出了一系列特殊需求，包括具备灵活性、提供多样化的学习资源、强调实时反馈和强化与实际职业场景的紧密连接。满足这些需求，LMS才能更好地支持职业教育智慧教学的实施，为学生带来更有针对性、贴近实际的学习体验。

（二）教学设计与学习管理系统

在职业教育智慧教学中，教学设计与学习管理系统（LMS）的协同应用至关重要。这种协同塑造了一个有机的教学生态系统，拓宽了学习的深度和广度。以下将探讨教学设计与LMS在职业教育智慧教学中的协同应用。

教学设计在职业教育智慧教学中扮演着关键角色。它需贴合职业教育的实际需求，将理论知识与实际应用有机结合。教学设计应该强调实际案例和场景，使学生在模拟的职业环境中进行学习。例如，在医学职业教育中，教学设计可以包括临床病例分析、模拟手术等实际操作，以便学生更好地掌握实际医学技能。

教学设计需要注重学生的个性化学习路径。每个学生的学习风格和节奏不同，因此，教学设计应该提供多样的学习活动和资源，以满足不同学生的需求。个性化的教学设计能够更好地激发学生的学习兴趣和学习动力。在设计类职业教育中，可以允许学生选择特定设计领域进行深入学习，满足他们的兴趣和发展方向。

学习管理系统在教学设计中的应用是为了更好地支持和实施教学方案。LMS通过智能化的教学工具，提供了丰富的学习资源，包括虚拟实验、在线模拟项目、多媒体教材等，为教学设计提供了更加多元的支持。例如，在工程职业教育中，LMS可以整合CAD软件、虚拟实验平台等工具，为学生提供更具体的实践机会。

LMS通过个性化学习的实现，为教学设计的灵活性提供支持。学生可以根据自己的学习兴趣和水平选择不同的学习路径，LMS则根据学生的学习数据和表现提供个性化的建议。这种个性化学习路径的实现有助于更好地适应不同学生的学习需求，增强学习效果。

教学设计与学习管理系统在职业教育智慧教学中的协同应用，通过贴合实际需求、注重个性化学习、提供多样学习资源等方面的努力，创建了一个更为灵活和丰富的教学环境。这种协同应用不仅提高了教学的质量，还更好地满足了职业教育智慧教学的特殊需求。

第三节　在线资源与工具的整合与利用

一、职业教育智慧教学中在线资源与工具的概念与特征

（一）在线资源的定义与分类

在线资源是指通过网络提供的各种学习、教育、信息等内容。它们以数字化形式存在，广泛应用于职业教育智慧教学，为学生提供便捷、灵活、实时的学习工具。在线资源与工具在职业教育中的应用，不仅拓宽了学习渠道，还促进了信息共享和个性化学习的发展。

在线资源可分为多个不同的类别，其中包括教学视频、电子书、虚拟实验室、在线课程等。教学视频展示实际操作过程，有助于学生在视觉上更直观地理解各种技能和工作流程。电子书为学生提供了便携、可检索的学习材料，方便他们随时随地获取所需知识。虚拟实验室模拟实际实验场景，学生能够在虚拟环境中进行实际操作，提高实践技能。在线课程为学生提供了更为灵活的学习方式，学生能够随时根据自己的时间和进度进行学习。

（二）教学工具的特征

在线资源与工具在职业教育智慧教学中具有独特特征。它们强调实时性和互动性。通过在线资源，学生可以及时获取最新的行业信息、技术资料，与教师、同学进行互动交流。这种实时性和互动性有助于学生更迅速地适应职业领域的发展。

在线资源与工具注重个性化学习。通过个性化的学习路径设计，学生可以根据自己的学科兴趣、学习能力和时间安排，选择适合自己的在线资源进行学习。这种个性化学习的特征有助于激发学生的学习兴趣，增强学习效果。

在线资源与工具支持多样性的学习方式。无论是通过观看视频、阅读电子书、参与在线实验，还是通过在线讨论和小组合作，学生都可以选择适合自己的学习方式。这种多样性的学习方式能够满足不同学生的学习习惯和需求，提高学习的灵活性和多元性。

在线资源与工具强调实践性和应用性。通过虚拟实验室、模拟项目等在线工具，学生能够在虚拟环境中进行实际操作，增强实践技能。这种实践性和应用性的特征有助于学生更好地将理论知识应用于实际工作，提高其职业素养。

职业教育智慧教学中的在线资源与工具具有多样性、实时性、个性化和实践性等独特的特征。它们为学生提供了便捷、灵活、多元的学习工具，促进了信息的共享和学习的个性化发展。充分发挥在线资源与工具的优势，职业教育智慧教学将迎来更为广阔的发展前景。

二、职业教育智慧教学中的在线资源整合与应用

（一）教育技术整合与在线资源

教育技术整合是指在职业教育智慧教学中，将各种教育技术有机结合，以实现更全面、灵活、创新的教学目标。在线资源在整合过程中扮演着重要角色，其整合与应用不仅拓展了教育手段，还增强了学生的学习效果。

教育技术整合的核心在于有效融合在线资源。在线资源的整合包括对各类资源的收集、整合和分类，形成一个系统化的教学资源库，不仅包括教学视频、电子书、虚拟实验室等基础资源，还涵盖了各种在线工具和应用，如学习管理系统、虚拟实训平台等。通过对这些资源的整合，教育者能够更好地选择和配置适合不同学科和职业领域的资源，为学生提供更为综合和有针对性的学习材料。

在线资源的整合需要建立在教学目标和学科特点的基础上。不同职业领域对知识和技能的需求不同，在整合在线资源时，需要根据特定的教学目标进行选择和调整。这就要求教育者深入了解各个职业领域的实际需求，结合学科特点和学生水平，有针对性地整合在线资源，确保其符合实际教学需要。

在线资源的应用需要借助多样的教学策略，包括基于问题的学习、合作学习、案例教学等。通过合理搭配不同的在线资源，教育者能够设计出更为灵活、富有创意的教学方案，满足学生多样化的学习需求。同时引入在线资源，教育者能够更好地激发学生的学习兴趣，提高他们的参与度，调动他们的学习积极性。

教育技术整合还需要充分考虑在线资源与传统教学的有机结合。在线资源不应该取代传统教学，而应该与之相互补充，形成一体化的教学模式。例如，在职业教育智慧教学中，可以将传统的面对面教学与在线资源相结合，这样既能够保留传统教学的人际交流和互动性，又能够借助在线资源的灵活性和多样性，增强教学效果。

教育技术整合与在线资源的应用是职业教育智慧教学中的关键环节。通过整合各类在线资源，结合教学目标和学科特点，以多样的教学策略应用这些资源，构建出更为灵活、创新的教学模式。同时，整合在线资源还需要与传统教学有机结合，形成一个更为完整和多元的教育体系，从而更好地满足职业教育的需求，培养更具实践能力的专业人才。

（二）在线学习平台的有效利用

职业教育智慧教学的在线资源整合与应用是实现教学创新、增强学生学习体验的关键。在线学习平台作为教育技术的代表之一，在这一过程中发挥着重要作用。通过有效利用在线学习平台，教育者能够整合多样的在线资源，为学生带来丰富而个性化的学习体验。

在线学习平台为教育者提供了整合和管理教学资源的便捷工具。教育者可以在平台上上传、组织和分享各类教学资料，包括文档、视频、图像等。这种整合不仅提高了教学资源的可访问性，也便于教育者根据学科特点和学生需求进行合理的资源组合，形成更为系统和有层次的学习材料。

在线学习平台为教育者提供了多样化的教学工具，促进资源更为灵活的运用。例如，平台上的在线白板、讨论板等工具能够促进学生之间的互动与合作。教育者可以借助这些工具进行实时互动、小组讨论，使得在线学习更具参与性。同时，一些内置的测评和反馈工具也有助于实时了解学生学习情况，为教学提供及时的调整和优化。

在线学习平台支持多媒体教学资源的融合应用。教育者可以嵌入各种形式的多媒体内容，如视频、音频、模拟实验等，以更生动，直观的方式呈现知识点。这样的融合应用有助于加深学生对复杂概念的理解，增强学习的趣味性。

在线学习平台提供了个性化学习的机会。通过学习平台的学习路径和智能推荐系统，教育者能够根据学生的兴趣、学科水平等因素，为每个学生量身定制学习计划。这种个性化学习能够使学生按照自己的学习步调和方式进行学习，增强学习效果。

在线学习平台为教育者提供了数据分析的功能。通过分析学生在平台上的学习行为和表现，教育者能够了解学生的学习习惯、不足等信息，从而有针对性地改进教学。这种基于数据的教学优化有助于增强教学效果，更好地满足学生的学习需求。

通过有效利用在线学习平台，教育者能够实现在线资源的整合与应用，提高职业教育智慧教学的质量。在线学习平台为教育者提供了整合、管理、交互和个性化的丰富工具，为学生创建了更为灵活、丰富和个性化的学习环境。

第四节　数据分析与个性化反馈

一、数据分析在职业教育智慧教学中的应用

（一）数据分析的概念和作用

数据分析是通过收集、清理、解释和模型构建等一系列方法，对大量数据进行研究和挖掘的过程。在职业教育智慧教学中，数据分析是关键的工具，能够帮助教育者更好地了解学生、改进教学，并优化课程设计，从而实现更有效的职业技能培养。

数据分析的基本概念涵盖整个数据处理的过程，包括数据的收集，即获取来自学生学习行为、在线交互、测试和作业等多个来源的信息。随后，数据需要被清理和整理，以确保数据的准确性和可用性。数据分析过程涵盖各种统计和数学方法，用于揭示数据背后的模式和规律。得出的结论和洞见应该能够支持决策制定，为教学和学生发展提供有针对性的指导。

在职业教育智慧教学中，数据分析得到了广泛的应用。它可以用于对学生学习行为的监测。通过分析学生在学习管理系统中的活动，包括点击率、学习时长等，教育者可以了解学生的学习兴趣和学习习惯。这样的数据可以为个性化学习路径的制定提供依据，使学生更好地适应教学内容。

数据分析在实时学习反馈方面发挥关键作用。通过分析学生在在线测验或课堂互动中的表现，教育者可以迅速获取学生的理解程度和薄弱环节等相关信息。这样的实时反馈能够使教学者及时调整教学策略，给学生带来更贴近学习需求的教育体验。

数据分析可用于教学效果的评估。通过对学生在考试和实际项目中的表现进行深入分析，教育者可以了解教学的强项和薄弱点，优化未来课程。这种定量评估有助于提高教育质量，更好地实现职业教育的目标。

数据分析在职业导向的课程设计中发挥了重要作用。通过对不同职业领域需求的数据分析，教育者可以更好地了解学生应该具备的技能和知识。这有助于制订更贴近实际职业需求的教学计划，使学生毕业后更容易适应职场。

数据分析在职业教育智慧教学中的应用为教育者提供了更为深刻的理解，帮助优化教学和提高学生的职业技能水平。通过科学而系统的数据分析，职业教育可以更加精细化、个性化地满足学生的需求，学生能够更好地迎接未来的职业挑战。

（二）数据收集与处理

1.学习数据的获取途径

学习数据的获取途径多种多样，主要包括学生学习平台的数据记录、在线测评、实验和项目成果、学生参与度和反馈等。这些数据成为职业教育智慧教学中的重要资源，可以通过数据分析，更好地理解学生的学习状态、需求和潜力，为教学提供科学依据和个性化支持。

学生学习平台的数据记录是学习数据的重要来源之一。通过学生学习平台，教育者可以获取学生的学习轨迹、学习时间、浏览频次等信息。这些数据可以帮助教育者了解学生对不同学科和知识点的关注程度，分析学生的学习习惯和兴趣，为个性化教学提供有力支持。

在线测评是获取学习数据的有效途径之一。定期进行在线测评，教育者可以获取学生在各个学科中的掌握程度、学科素养等数据，发现学生的学科薄弱点，及时调整教学内容和方式，增强学生的学习效果。同时，通过对测评数据的分析，教育者能够评估教学质量，优化教学计划。

实验和项目成果是学习数据的重要来源之一。在职业教育中，实际操作和项目实践是培养学生实际技能的关键环节。通过收集学生在实验和项目中的表现数据，教育者可以了解学生的实际操作能力、创新潜力等。这有助于更好地调整实践教学方案，提高学生的实际技能水平。

学生参与度和反馈提供了重要的学习数据。通过观察学生在课堂中的参与情况，教育者可以了解学生对教学内容的理解程度和学习兴趣。学生的反馈意见和建议也是宝贵的数据资源，有助于教育者更好地改进教学方式和内容，提高学生的满意度和参与度。

2.数据清洗与预处理的方法

数据清洗与预处理在职业教育智慧教学中至关重要，它们涉及对原始数据的有效处理，以确保数据的质量、准确性和可用性。数据清洗与预处理的方法对于增强数据分析的效果、优化教学过程、促进个性化教育具有重要意义。

数据清洗是数据预处理的首要步骤。在职业教育智慧教学中，原始数据可能包括各种噪声、错误或缺失值，这会影响到后续的数据分析。数据清洗的方法包括异常值处理、缺失值填充和去重等。异常值处理通过检测和处理离群值，提高数据的准确性。缺失值填充通过合理的方法填充缺失值，防止数据丢失对结果造成的干扰。去重可以消除重复的数据，减少冗余信息，提高数据的有效性。

数据预处理包括特征工程。在职业教育智慧教学中，特征工程旨在挖掘和构建更具代表性的特征，提高模型的性能。特征工程的方法包括特征选择、特征变换和特征创造。通过选择最相关的特征，降低数据维度，提高模型的训练速度和泛化性能。特征变换通过对原始特征进行变换，提取更为有用的信息。特征创造是根据领域知识或数据的特点构造新的特征，增强模型的表达能力。

标准化和归一化是数据预处理的关键环节。标准化通过将数据转换成均值为0、标准差为1的标准正态分布，减以不同尺度带来的影响，提高模型的稳定性。归一化将数据缩放到特定的范围，使不同特征对模型的影响权重相同，提高模型的收敛速度和性能。

数据预处理包括数据平衡处理。在职业教育中，可能会存在不同职业领域的样本数量不平衡的问题。通过过采样或欠采样等方法，保持各个类别样本数量的相对均衡，有助于提高模型的预测能力。

数据预处理需要考虑特殊领域的需求。职业教育智慧教学中可能会有特殊的数据要求，如时间序列数据、文本数据等。对于这些特殊领域的数据，需要选择适当的预处理方法，以满足不同数据类型的特殊需求。

数据清洗与预处理在职业教育智慧教学中的应用至关重要。有效的清洗和预处理方法，可以提高数据的质量和可用性，为后续的数据分析和模型建设奠定更可靠的基础。这有助于优化教学过程，实现个性化教育目标，推动职业教育的智慧化发展。

二、个性化反馈在职业教育智慧教学中的实践

（一）个性化反馈的理论基础

个性化反馈的理论基础植根于认知心理学、教育学和行为主义理论。这些理论为个性化反馈提供了深刻的思想支持，在职业教育智慧教学中能够更加有效地应用。

认知心理学的理论为个性化反馈提供了认知和学习的理论基础。根据认知心理学的观点，学生是主动参与学习的个体，拥有独特的认知过程和学习风格。个性化反馈通过深入理解学生的认知特点，为其提供更符合个体差异的学习支持。例如，以学习风格理论为基础，教育者可以根据学生的感知模式、信息处理倾向等因素，调整个性化反馈的方式，使其更贴近学生的认知习惯，增强学习效果。

教育学的理论为个性化反馈构建了关于教学和学习的框架。教育学强调学生的差异性，提倡差异化教学。在个性化反馈中，通过借鉴教育学理论，教育者可以更好地了解学生的学习需求，将个性化反馈嵌入教学设计，使学生在实践中更好地适应职业技能的培养。例如，教育者可以通过提供个性化反馈，促进学生与社会、实际工作环境的互动，更好地培养其实际职业技能。

行为主义理论为个性化反馈提供了对学习过程的深刻理解。行为主义强调环境对学习的影响，个性化反馈根据学生的学习进度和表现调整反馈内容，创建更为精细的学习环境。通过运用行为主义的强化和惩罚

理论，个性化反馈可以及时奖励优秀表现、纠正错误，激发学生的学习兴趣，调动学生的学习积极性。

在职业教育智慧教学中，个性化反馈的实践是基于这些理论的综合运用。通过分析学生的学习风格和认知特点，个性化反馈可以更准确地判断学生的学习需求。借助教育学理论，教育者可以将个性化反馈融入课程设计和教学计划，使其更贴近学生的实际学习情境。通过运用行为主义理论，个性化反馈可以及时调整教学策略，促进学生更好地适应实际职业技能的培养。

个性化反馈的理论基础植根于认知心理学、教育学和行为主义理论，这些理论为个性化反馈提供了深刻的理念支持。在职业教育智慧教学中，借助这些理论，个性化反馈的实践能更深刻地满足学生个体差异的需求，推动职业教育更为有效地实现实际职业技能的培养目标。

（二）教学设计中的个性化策略

在职业教育智慧教学中，个性化策略和个性化反馈成为促进学生个性发展和增强学习效果的关键组成部分。教学设计中的个性化策略通过深入理解学生的个体差异，采取差异化的教学方法；个性化反馈为学生提供精准、即时的指导，帮助其更好地理解和应用所学知识。

个性化策略的实践需要对学生的学习风格、兴趣、能力水平进行深入观察。教育者可以通过多样化的教学资源和活动，满足学生不同的学科需求和兴趣爱好。例如，对于具有艺术天赋的学生，可以引入创意性的项目；对于对技术感兴趣的学生，可以提供实践性的工程项目。这样的个性化策略有助于激发学生的学习兴趣和学习动机。

个性化反馈在教学设计中的实践，注重在学生个体层面上提供具体而个性化的建议。通过智能化的学习管理系统和教育技术工具，教育者可以收集学生的学习数据，包括考试成绩、作业表现、在线讨论等。基于这些数据，系统可以生成个性化的反馈，指导学生在具体知识点上的提升和改进。例如，针对学生在某一领域的薄弱点，系统可以提供特定的学习资源、练习题目以及个性化的建议和解决方案。

在实践中，个性化反馈可以通过多种方式呈现，如文字反馈、图表展示、实时在线辅导等。通过及时的个性化反馈，学生能够更好地理解自己的学习状态，识别自己的优势和不足。这样的反馈不仅有助于学生及时调整学习策略，还为教育者提供了更深入了解学生学习过程的机会，帮助教师更好地设计个性化教学。

个性化反馈的实践中还可以引入同学互助和自评机制。通过学生间的合作与互助，他们能够共同分析、讨论问题，并提供不同角度的反馈。同时，自评机制可以培养学生对自己学习的主动观察和评价能力，促使其更深刻地理解自身的学习需求，为个性化学习提供更全面的信息。

教学设计中的个性化策略和个性化反馈的实践是职业教育智慧教学中的一项重要任务。通过深入理解学生的个体差异，采取差异化的教学方法，以及引入个性化的反馈机制，学生能够更好地适应学习环境，增强学习动机和效果。这样的实践有助于打破传统教学的一刀切模式，真正实现个性化教育的目标。

第五章　职业教育智慧教学的教师角色与能力

第一节　教师的角色转变

一、教师角色转变的理论与框架

（一）教师的传统角色与变革背景

教师的角色一直以来都是教育体系中的核心组成部分。然而，在当前社会变革的背景下，教师的传统角色面临着深刻的变革。这一变革主要是受信息技术的快速发展、全球化的影响以及职业教育智慧教学模式的兴起等多方面因素的推动。

传统上，教师被视为知识的传递者和权威。他们的主要职责是向学生传授特定领域的知识和技能。然而，随着信息技术的普及和全球化的发展，学生可以更容易地获取丰富的信息和知识，这使得教师在知识传递上的独占地位逐渐被削弱。在职业教育智慧教学中，教师的角色正在从传统的知识传授者转变为学习的引导者和组织者。

教师的角色转变背后的一个重要背景是信息技术的飞速发展。通过互联网和数字技术，学生可以轻松地获取大量的学科知识。教师不再只是知识的提供者，而是成为学生学习过程中的引导者，帮助学生筛选、整合和应用信息，培养学生的创新意识和批判性思维。

全球化的影响也在促使教师的角色发生转变。随着全球经济的一体化，职业教育需要更好地适应国际市场的需求。教师需要培养学生具备跨文化沟通和合作的能力，使他们适应国际化的职业环境中。教师不仅需要传授特定领域的知识，还需要培养学生具备全球化背景下所需的综合素养。

职业教育智慧教学的兴起也对教师的角色提出了新的要求。传统的教学模式强调一对多的教学，智慧教学更注重个性化和差异化。在这一背景下，教师需要更具创造力，能够根据学生的个性和学习需求调整教学策略，为每个学生提供更为有效的学习支持。

教师的角色转变不仅要求他们具备更广泛的知识和技能，还需要不断更新自己的教学理念和方法。教师应该成为学习的践行者，不断进行专业发展，适应社会和职业教育的变化。只有具备了这样的素养，教师才能更好地引领学生满足未来职业发展的需求。

教师的传统角色正在面临深刻的变革，这一变革受信息技术、全球化和职业教育智慧教学等多方面因素的推动。从知识传递者到学习引导者，从国内视野到国际视野，教师的角色转变对于适应社会发展和培养更具综合素养的学生具有积极意义。

（二）构建新的教师角色

1.教师作为导师与指导者

教师作为导师和指导者的理论基础根植于建构主义和社会认知理论。这些理论为教师角色的转变提供了深刻的思想支持，与职业教育智慧教学相互融合，共同推动教育方式的创新。

建构主义理论强调学生通过解决实际问题和实践经验来构建知识。在教育实践中，教师不再是传统的知识传授者，而是学生学习的引导者和合作伙伴。教师作为导师，通过激发学生的好奇心和自主学习的能力，引导他们积极参与学习过程。在职业教育中，建构主义理论强调学生在实际职业环境中通过体验和实践获得知识，教师作为导师引导学生参与实际项目、解决实际问题，培养学生实际职业技能。

社会认知理论强调学习是一个社会过程，个体通过与他人的互动构建知识。在这一理论框架下，教师作为指导者不仅要关注学科知识的传递，更要注重学生与他人的合作与交流。在职业教育智慧教学中，教师作为指导者的任务是创建协作的学习环境，鼓励学生在团队中共同解决问题，模拟真实的职业场景，培养学生的团队协作和沟通技能。

社会学习理论倡导在真实的社会环境中学习。教师作为导师应引导学生通过参与社会实践活动，例如实习、行业合作项目等，将课堂学习与实际职业场景相结合，促使学生更好地理解职业知识并培养实际操作技能。

教师的角色转变与职业教育智慧教学相辅相成。在智慧教学中，教师借助技术手段提供个性化的学习资源，利用在线平台和工具支持学生自主学习。教师作为导师与指导者的理论基础与智慧教学的融合，推动了教育模式的创新，使学生更具自主学习能力，更好地满足未来职业发展的需求。

教师作为导师和指导者的理论基础建立在建构主义和社会认知理论的基础上。在职业教育智慧教学中，教师引导学生参与实践、鼓励合作学习、倡导社会实践，通过智慧教学方式促进学生的自主学习和实际职业技能的培养。

2.教师的支持角色与学生中心教学

在职业教育智慧教学中，学生中心教学的理念对教师的角色产生了深刻的影响，使得教育者的角色逐渐由传统的知识传授者向学生学习的支持者和引导者转变。这种教师的角色转变不仅体现了对学生需求的更好理解，也为实现更有效的职业教育智慧教学提供了可行的路径。

学生中心教学的核心理念是将学生置于学习过程的中心，关注他们的需求、兴趣和个体差异。在这一理念下，教师的角色不再是简单的知识传授者，而是学生学习过程中的支持者和引导者。教师需要更深入地了解学生的背景、学习风格和目标，以更好地满足他们的学习需求。

教师的支持角色在职业教育智慧教学中得到了充分体现。通过智能化的学习管理系统和教育技术工具，教师能够获得学生的学习数据，了解他们的学科掌握程度、学习进度及面临的困难。基于这些数据，教师可以为学生提供个性化的支持，例如有针对性的辅导、定制的学习资源推荐等，从而更好地引导学生的学习过程。

教师的角色转变体现在对学生学习活动的灵活指导上。在学生中心教学理念的框架下，教师不再是单一的知识传授者，更加关注学生的自主学习和合作学习。通过设计多元化的学习任务和项目，教师鼓励学生参与实践、发表观点，并通过实际项目中的合作来培养学生的团队协作能力。这种角色的转变使学生更好地发挥主动性，实现更深层次的学习。

教师在学生中心教学中扮演着反馈和评价的关键角色。通过对学生学习过程和成果的全面观察，教师能够为学生提供及时、具体的反馈。这种个性化的反馈有助于学生更好地理解自己的学习状态，发现问题并及时调整学习策略。同时，教师能通过对学生的综合评价，为他们提供更全面的职业发展建议。

教师在职业教育智慧教学中的角色转变体现了学生中心教学理念的贯彻。教师不再是单一的知识传授者，而是更注重学生需求、个体差异和自主学习的引导者。通过充分利用智能技术和数据分析手段，教师能够更好地支持学生的学习过程，为学生提供个性化的指导和反馈，为学生的职业发展奠定坚实的基础。这种教师的角色转变不仅有助于学生更好地满足职业教育智慧教学的要求，还有助于教育模式的创新和发展。

二、职业教育智慧教学中教师角色的实践与挑战

（一）智慧教学环境下的教师培训

在职业教育智慧教学环境下，教师培训是一项关键工作，旨在使教师适应新的教育技术、理念和方法，从而更好地扮演其在智慧教学中的角色。教师在智慧教学中的实践涉及多方面的挑战，需要不断提升专业素养，以更好地满足学生的需求。

教师在职业教育智慧教学中的角色实践涉及技术应用方面的挑战。教师需要有效利用教育技术工具，掌握在线学习平台和智慧教学系统的操作，以为学生带来更具交互性和个性化的学习体验。这要求教师参与系统性的培训，学习如何将新技术整合至教学实践，从而更好地发挥智

慧教学环境的潜力。

教师在智慧教学中的角色要求强调个性化的学习支持。教师需要了解每个学生的学习风格、能力水平和兴趣，以便提供更为个性化的教学。这意味着教师需要接受培训，学会使用学习分析工具和数据分析技术，以更好地了解学生的学习需求，制定有针对性的教学策略。

教师在职业教育智慧教学中的角色涉及培养学生实践职业技能。教师需要积极参与实际项目和行业合作，了解最新的职业发展趋势和实际工作环境，从而更好地培养学生实际职业技能。这要求教师通过专业发展和培训，不断丰富自身的实践经验和行业认知。

在教师培训方面，需要以学科知识为基础，注重培养教师的信息技术能力和教学设计能力。培训内容应紧密结合职业教育的特点，强调实践性和应用性，使教师更好地将知识转化为实际教学行为。培训应强调团队协作和互动式教学方法，使教师更好地与学生合作，共同实现职业技能的培养目标。

职业教育智慧教学中教师角色的实践与挑战要求教师接受全方位的培训，包括技术应用、个性化学习支持和实践职业技能等方面。教师培训应紧密贴合职业教育智慧教学的需求，强调实际操作和与行业的联系，以更好地满足学生的学习需求，推动职业教育智慧教学的深入发展。

（二）教师的角色定制与个性化学习

在职业教育智慧教学中，个性化学习的理念强调根据每个学生的独特需求和学习风格定制教学过程，这使得教师的角色更为丰富。教师在个性化学习的背景下不再是知识传授者，而是需要兼具设计师、导师和技术整合者的角色。在实践中，教师面临着许多挑战，但也有机会通过创新教学方法来更好地满足学生的个性化学习需求。

教师在个性化学习中的角色包括设计师，需要根据学生的差异性制订个性化的教学计划。这涉及对学生背景、学科水平、学习风格等方面的深入了解。教师需要借助数据分析工具和学习管理系统，积极收集和分析学生的学习数据，以便更好地设计的个性化课程内容和学习资源。

教师在个性化学习中充当导师的角色，关注并引导学生的学习过程。这需要教师具备良好的沟通能力和情感智能，能够与学生建立积极的关系。教师在引导学生时应更注重激发学生的学习兴趣和主动性，鼓励他们参与实践、合作学习等活动，使学生更好地理解和应用所学知识。

教师在个性化学习中需充当技术整合者的角色，合理应用教育技术工具支持个性化教学。这包括利用在线学习平台、智能辅助教学软件等工具，为学生提供灵活多样的学习资源和活动。教师需要熟练掌握这些技术，确保它们与个性化学习目标相一致，增强学生的学习效果。

然而，教师在实践个性化学习时也面临一系列挑战。个性化学习需要更多的时间和精力投入，对教师的时间管理和教学准备提出了更高的要求。教师需要在平衡不同学生需求的同时，保证课程的进度和教学质量。

教师需要具备深厚的学科知识，不断更新的教育理念，提高技术水平。个性化学习的实践要求教师不仅对学科有深刻理解，还要熟练应用各类教育技术工具。这需要教师不断进行专业发展，提高自己的综合素质。

教师在个性化学习中的实践需要应对学生抵触情绪和家庭期望的挑战。个性化学习可能会引起学生对传统教学方式的不适应，家长可能对个性化学习的效果产生疑虑。教师需要通过有效的沟通和引导，积极获得学生和家长的理解和支持。

个性化学习对教师的角色提出了更高的要求，教师既需要具备专业的学科知识，又需要具备教育技术和沟通引导的能力。教师在个性化学习中的实践需要不断适应和改进，以更好地满足学生的个性化学习需求，推动职业教育智慧教学的发展。

第二节　教师的技术素养与能力培养

一、职业教育智慧教学中教师的技术素养

(一)教师技术素养的定义

教师技术素养的定义在不同的教育背景下可能有所不同,但总体而言,它指的是教师在教学实践中所需具备的技术能力、知识和技能。在职业教育智慧教学中,教师的技术素养显得尤为重要。不仅包括对教学技术的熟练运用,更包括跨学科、跨领域的专业知识和教学方法,以满足不同学生的需求,培养更加符合职业教育要求的人才。

随着社会的发展,职业教育不仅需要传授知识,更需要培养学生解决实际问题的能力。教师的技术素养恰恰是实现这一目标的关键。他们需要熟练掌握各种教学技术,包括但不限于多媒体教学、项目式教学、案例教学等,以及对各种在线教学工具的运用,从而更好地促进学生的学习。

在职业教育领域,技术的更新换代速度较快,教师需要保持学习的状态,不断了解最新的技术和教学方法,并将其灵活地运用于自己的教学实践。只有这样,教师才能不断提高自身的教学水平,更好地满足职业教育的需求,为学生提供更加优质的教学服务。

在职业教育中,学生的背景和学习目标各不相同,因此教师需要根据学生的实际情况,灵活调整教学策略和方法。这就要求教师不仅要具备扎实的专业知识,更要具备良好的教学技巧和沟通能力,能够根据学生的反馈和需求进行及时调整,使教学效果最大化。

它不仅关乎教师自身的教学水平和职业发展,还直接影响学生的学

习效果和未来的发展。因此，教育相关部门和学校应该重视对教师技术素养的培养，为教师提供更多的培训机会和支持，共同推动职业教育事业的发展。

（二）教师的技术素养要素

1.数字素养与信息素养

数字素养和信息素养是职业教育智慧教学中至关重要的概念，它们涉及学生在数字化和信息化环境中获取、处理和应用信息的能力。数字素养注重学生运用数字技术解决问题的能力，信息素养更强调学生有效利用信息资源的能力。这两者在职业教育中的融合对培养学生适应未来职业环境的综合素养至关重要。

数字素养不仅关注对技术的简单应用，更关注教师在实际职业场景中运用数字技术解决实际问题的能力。在职业教育智慧教学中，数字素养的培养应包括对各种数字工具和技术的熟练运用，需要教师具备创新思维和解决复杂问题的能力。数字素养的提升能使教师更加灵活地应对职业领域中的技术变化，更好地参与数字化的职业实践。

信息素养强调学生有效利用信息资源，具备信息获取、分析和评估的能力。在职业教育智慧教学中，信息素养的培养需要注重学生在实际职业场景中的信息获取和处理能力，包括教师对各种信息源的熟悉，以及他们能够从复杂的信息中提炼、评估和运用有效信息的能力。信息素养的提升使教师更好地适应职业领域信息爆炸的现实情境，更有能力作出明智的决策。

数字素养和信息素养在职业教育智慧教学中的融合能使教师全面地应对数字化和信息化的挑战。教师需要具备对数字技术的基本理解和应用技能，以更好地参与职业实践。教师还需要具备信息获取和分析的能力，以便在复杂的职业环境中迅速获取所需信息并作出合理决策。

职业教育智慧教学中教师的数字素养和信息素养的培养不仅是为了应对当前的技术和信息环境，更是为了培养教师在未来职业发展中的可持续适应能力。数字素养和信息素养的提升需要通过实际项目、行业合作等方式，教师能够在真实职业场景中不断锻炼和提升。这样的培养模式旨在培养教师在职业领域中独立思考、创新应用数字和信息技术的综合素养，为他们未来职业生涯的成功打下坚实的基础。

2.创新思维与解决问题的能力

在职业教育智慧教学中，培养教师的创新思维和解决问题的能力是至关重要的目标。创新思维是指学生具备发现问题、提出新思路、勇于尝试的思考方式，解决问题的能力包括教师理解问题、分析问题、提出解决方案并实施的全过程。这两者的结合可以使教师更好地适应复杂多变的职业环境，提高其在未来职业发展中的竞争力。

创新思维在职业教育智慧教学中的重要性体现在多个层面。创新思维有助于培养教师的问题意识。通过在课程中引入真实的案例、挑战性的项目，激发教师对问题的关注和探究。教师在面对问题时，通过创新思维更敏锐地发现问题的核心，并提出独特的解决方案。

创新思维有助于培养教师的主动学习能力。在职业教育智慧教学中，教育者可以通过引导学生参与开放性解决问题过程，鼓励他们从多个角度思考问题。这种学习方式能够培养学生自主思考、主动学习的能力，而非依赖于传统的教学模式。

创新思维有助于培养教师的团队协作和沟通能力。在现实职业中，解决问题通常需要多方面的合作和协商。通过在教学中引入团队项目和合作性学习活动，教师能够在团队中学习分享想法、接受他人意见，并共同努力解决问题。这样的实践有助于培养教师在团队工作中的领导力和协作技能。

解决问题的能力同样在职业教育智慧教学中扮演着关键角色。解决问题的能力要求教师具备分析问题的能力。在学习过程中，教育者可以引导教师深入思考问题的背景、原因和影响，培养他们对问题的系统性认识。

解决问题的能力需要教师具备综合运用知识的能力。职业教育智慧教学强调将理论知识与实际应用相结合。通过实际项目和案例研究，教师能够更好地将学到的知识应用于解决实际问题，培养跨学科的综合运用能力。

解决问题的能力需要教师具备实际操作和实践的能力。在职业教育智慧教学中，可以通过模拟实践、实地实习等方式，让教师直接面对实际问题，通过实践来提高解决问题的技能。

二、教师的能力素养

（一）专业知识

教师作为职业院校的教育者和指导者，必须具备深入的专业知识，这一层面的能力素养是教育工作的基础，对教育质量和学生职业发展至关重要。专业知识是教师能够有效地传授学科内容和职业技能的前提。教师需要对所教授的职业领域有深刻的理解，包括行业的历史、现状、未来趋势及关键技术和实践。只有具备这些知识，教师才能够将理论知识与实际应用相结合，帮助学生在职业领域中取得成功。了解最新的技术进展和最佳实践对教师来说至关重要。许多职业领域都在不断发展和演变，新技术和最佳实践的出现对学生的职业准备至关重要。教师需要与行业保持紧密联系，不断学习和更新自己的知识，以确保向学生传授最新的信息和技能。专业知识是建立教育信任和权威性的关键因素。当学生知道他们的教师具备深厚的专业知识时，他们更有可能愿意接受教育，相信教师的指导，并将所学的知识和技能应用于实际工作。深入的专业知识有助于教师更好地满足学生的个性化需求。不同学生可能在相同的职业领域中有不同的兴趣和需求，教师可以根据学生的特点和目标，提供更有针对性的教育，帮助他们实现自己的职业目标。教师的专业知识是职业能力的基础，不仅对教育工作的成功至关重要，还对学生的职业发展具有重要影响。深入的专业知识将帮助教师成为出色的教育者，为学生提供高质量的教育和培训，帮助他们在职业领域中取得成功。

（二）教育技巧

教育技巧对职业院校教师来说至关重要，它们构成了教学工作的核心。这些技巧包括课堂管理、教学设计、学习资源开发和课程规划等基本教育技能。课堂管理是教育技巧的关键组成部分，指教师如何有效地组织和管理课堂，以确保学习环境秩序井然、高效有序。课堂管理包括时间管理、学生行为管理、冲突解决和教育资源的合理利用。一位优秀的教师能够营造积极的课堂氛围，使学生感到安全和受尊重，从而更容易专注于学习。教学设计是关于如何有效地组织课程的重要方面。教师需要根据学科内容和学生的需求，设计有针对性的教学计划，包括确定教学目标、选择合适的教学方法和教材及制定评估方法。一个设计良好的教学计划可以帮助学生更好地理解和掌握知识，提高他们的学习成绩。学习资源开发是确保有效教学的关键部分。教师需要能够创建或选择适当的学习资源，包括教材、多媒体资料、实验设备等。这些资源应该能够激发学生的兴趣，并支持他们的学习过程。此外，教师应该灵活地运用这些资源，以满足不同学生的学习风格和需求。课程规划是教育技巧中的关键要素之一。教师需要将整个课程进行规划，确保各个教学单元之间是有连贯性和逻辑性。课程规划涉及教学目标的设定、教材的选择和课程进度的安排。一个精心规划的课程可以帮助教师在整个学期内有效地传授知识，并确保学生逐步奠定扎实的基础。教育技巧对于职业院校教师非常重要，有助于创建一个有益的学习环境，使学生更容易获得知识和技能。课堂管理、教学设计、学习资源开发和课程规划等基本教育技能是教育过程的支柱，能够帮助教师更好地担负他们的教育使命，培养出色的职业人才。

（三）学科知识

学科知识是职业院校教师的重要能力素养之一，它是教育过程的基础，直接影响教师的教学质量和学生的学习成果。教师需要熟悉相关学科的核心概念，包括对学科的基本定义、原理和理论框架有清晰的理解。只有深入了解学科的核心概念，教师才能够将知识有条理地传授给学生，帮助他们奠定坚实的基础。教师需要了解学科的发展历史和演变过程。这有助于教师将学科的知识内容置于更广泛的背景中，帮助学生理解学科的演进，以及为什么某些概念和原理变得重要。知识的历史性背景可以丰富教育过程，使学生更好地理解学科的本质。教师需要跟踪学科领域的最新研究和发展。学科知识是不断演进和扩展的，新的理论、发现和实践不断涌现。教师应该积极参与学术社区，阅读最新的研究文献，以更新自己的知识水平和教学内容。这样，他们可以向学生传授最新的信息和观点，使学习体验更加丰富和现代化。教师的学科知识应该与实际应用相结合。职业院校的教育目标通常是为学生提供职业技能和就业准备，因此教师需要能够将学科知识与实际职业环境相连接，帮助学生理解知识的实际应用和价值。学科知识是职业院校教师必备的能力素养之一。教师需要深入理解学科的核心概念、发展历史、最新研究和实际应用，以便有效地传授给学生，并为他们的职业发展奠定坚实的基础。学科知识不仅影响教育的质量，还直接关系学生的学术成功和职业成就。

第三节　教师与学生的互动与沟通

一、职业教育智慧教学中教师与学生互动的意义与原则

（一）教师与学生互动的意义

在职业教育智慧教学中，教师与学生之间的互动至关重要。这种互动不仅是传授知识，更是促进学生全面发展的关键。通过积极的互动，教师能够更好地了解学生的学习需求和问题，从而更有针对性地进行教学设计和指导，实现教学目标的最大化。

在职业教育中，学生通常具有明确的学习目标和职业规划，因此，他们更加注重课程的实用性和针对性。通过与教师的互动，学生可以更加清晰地了解课程内容与实际工作的联系，从而更加积极地投入学习，提高学习效率和学习质量。

在智慧教学的环境下，教师不再是单向地向学生传授知识，而是与

学生进行双向的交流和探讨。通过互动，学生可以分享自己的学习体会和观点，教师可以及时纠正学生的错误认识，并提供更深入的解释和讲解。这种互动不仅能够帮助学生更好地理解和消化知识，还能够发散学生的思维，培养学生的批判性思维和创新精神。

在职业教育中，教师不仅是知识的传授者，更是学生的引路人。通过积极的互动，教师可以更好地了解学生的个性特点和学习习惯，有针对性地进行教学指导，建立师生之间的信任和尊重。这种良好的师生关系不仅能够增强教学效果，还能够促进学生的个性发展和全面成长。它不仅有助于激发学生的学习兴趣和主动性，促进知识的交流与共享，还有助于建立良好的师生关系，为学生的职业发展奠定良好的基础。因此，教育者和教学机构应该重视教师与学生之间的互动，为其提供更好的支持和条件，共同推动职业教育事业的发展。

（二）互动式教学设计的原则

1.促进学生参与的教学设计

在职业教育智慧教学中，促进学生参与的教学设计至关重要。互动式教学设计的原则是实现学生有效参与的关键，它能够激发学生的学习兴趣，增强他们的学习动力，从而更好地实现职业技能的培养。

创设真实且具体的学习场景是互动式教学设计的核心。通过将教学内容嵌入实际职业场景，学生能够更容易理解学科知识的实际应用，并将其运用于未来的职业实践。这样的设计能够激发学生的学习兴趣，使他们更加主动地投入学习过程。

强调学生团队合作与互动是互动式教学设计的重要原则。通过组织学生参与团队项目、合作解决问题，培养他们的团队协作和沟通能力，这在职业环境中是至关重要的。通过团队合作，学生能够分享不同的观点和经验，促进知识的共建，获得更深层次的学习效果。

利用现代技术手段支持学生的互动式学习也是互动式教学设计的原则之一。在职业教育智慧教学中，在线讨论、虚拟实验、模拟项目等方式可以使学生在数字化环境中进行实时互动。这不仅能够满足学生多样化的学习需求，还能增强学习效果，培养学生的信息技术和数字素养。

个性化学习路径的设计也是互动式教学的重要原则。通过了解学生的学习需求、兴趣和能力，教师可以为每个学生量身定制学习计划。这样的个性化设计能使学生更好地掌握知识，提高学习满意度，并更好地适应未来的职业发展。

在互动式教学设计中，教师角色的转变至关重要。教师不再是传统的知识传授者，而是学生学习过程的引导者和促进者。教师需要倾听学生的声音，关注他们的学习需求，及时调整教学策略，使教学更加贴近学生的实际情况，提高学生的学习参与度。

互动式教学设计的原则在职业教育智慧教学中具有重要作用。通过创设真实具体的学习场景、强调团队合作与互动、利用现代技术手段、个性化学习路径的设计及教师角色的转变，更好地促进学生的参与，增强他们的学习效果，培养出更具职业素养的人才。

2.互动式评估与反馈

互动式评估与反馈在职业教育智慧教学中扮演着重要角色，它不仅强调学生与教师之间的双向沟通，更凸显了教学设计中的互动式原则。这一教学设计的原则有助于提升学生参与度、个性化学习体验及教学质量。

互动式评估强调多元化的评价方式。传统的评估方式主要以考试和测验为主，互动式评估更注重多样性。通过项目作业、实际操作、小组讨论等方式，教师能够更全面地了解学生的学习情况，从而更准确地评估其综合素养和实际能力。这样的多元评估方式不仅更符合职业教育的实际需求，也更能激发学生的学习兴趣，促使他们更加主动参与学习过程。

互动式评估强调及时的反馈机制。在传统教学中，学生通常需要等待一段时间才能得到老师的反馈。而在互动式教学设计中，教师能够实时地对学生的表现进行评估和反馈。这种及时的反馈不仅能够帮助学生更好地理解自己的学习情况，还能够帮助教师及时调整教学策略，满足学生的个性化需求，增强教学效果。

互动式教学设计的原则注重学生与教师之间的互动。在传统的教学模式中，学生往往是被动接受知识的一方，而在互动式教学设计中，学生成为学习的主体。教师引导学生进行小组合作、讨论互动，使学生在学习中更积极地参与，拓宽学习的深度和广度。这样的互动式教学设计有助于培养学生的合作能力和沟通技能，更好地满足未来职业发展的需求。

互动式教学设计的原则强调个性化的学习体验。每个学生的学习需求和学科特点都有所不同，因此互动式教学设计需要更具灵活性，能够满足不同学生的个性化学习需求。通过提供不同难度和形式的学习任务，以及根据学生实际情况进行个性化的教学反馈，教师能够更好地调整教学方案，满足学生的差异化需求，为学生带来更为个性化的学习体验。

互动式教学设计原则在职业教育智慧教学中具有重要意义，通过多元评估方式、及时反馈机制、学生与教师的互动及个性化学习体验等方面的强调，职业教育智慧教学变得更具活力、灵活性和适应性。这有助于培养学生更全面的素养，提升教学质量，推动职业教育的智慧发展。

二、职业教育智慧教学中教师与学生互动的实践与策略

（一）职业教育智慧教学中的互动工具与平台

在职业教育智慧教学中，充分利用互动工具与平台，实现教师与学生之间的深度互动，是提高教学质量和增强学生学习效果的重要策略。通过创新的互动工具与平台，教师可以更好地理解学生的需求，个性化地引导学生学习，激发学生的兴趣，并在教学过程中提供实时反馈，推动职业教育智慧教学的不断发展。

互动工具的选择至关重要。在职业教育智慧教学中，多种互动工具可用于促进师生互动，例如在线讨论平台、实时消息系统、虚拟学习环境等。在线讨论平台可以促使学生在虚拟空间中提出问题、分享观点，并与教师和同学进行深入的交流。实时消息系统可以保持教师与学生之间的及时联系，为学生提供实时的学术支持和指导。虚拟学习环境提供了模拟实践和实际项目的机会，加深学生对职业知识的理解。

互动平台的设计应强调学生参与和反馈。在职业教育智慧教学中，

通过引入投票系统、在线问卷调查等工具，教师可以及时了解学生对教学内容和方法的反馈，根据反馈结果进行灵活调整。这样的参与性设计可以使学生更积极主动地参与学习过程，感受教学的实用性和个性化。

互动工具的实践策略需要注重个性化引导。在教育智慧教学中，教师可以通过个性化的学习路径和任务设计，满足学生不同的学科水平、兴趣爱好和学习风格。通过定制化的学习任务，教师可以更好地促使学生在实践中运用所学知识，培养他们解决实际问题的能力。

创建社交化的学习环境是互动实践的关键。教育者可以借助社交媒体平台、在线小组、协作项目等手段，鼓励学生之间建立联系，促进合作与交流。这样的社交化学习环境有助于学生在协作中分享经验、解决问题，并从他人的经验中获得启示。

在实践中，教师需要不断提升对互动工具的应用能力，熟练掌握各类在线平台的使用方法，以更好地满足教学需求。教师应注重与学生之间的个体化沟通，通过一对一的在线辅导、面对面的实践指导等方式，更好地了解学生的学习情况，为其提供个性化的支持。

职业教育智慧教学中的互动工具与平台在增强教学效果和提高学生参与度方面发挥着重要作用。通过巧妙设计和灵活运用互动工具，教师与学生之间的互动可以变得更加深入、有趣，有效促进知识的传递和实践能力的培养。在互动的基础上，建立良好的师生关系，营造积极向上的学习氛围，将有助于职业教育智慧教学的不断创新和发展。

（二）教师的沟通技能与师生互动策略

在职业教育智慧教学中，教师与学生之间的互动至关重要。教师的沟通技能直接影响生的学习体验和效果。有效的教学互动需要教师具备良好的沟通技能，并采用多样化的互动策略，以更好地满足学生的学习需求。

教师的沟通技能包括清晰的表达、倾听能力和非语言沟通。清晰的表达能力能使教师将复杂的概念简单、明了地传达给学生，加深学生对知识的理解。倾听能力能使教师深入了解学生的需求和困惑，从而更好地调整教学策略。非语言沟通，如肢体语言和面部表情，能够传递更多信息，加强教师与学生之间的情感联系。

营造积极的教学氛围是有效互动的前提。教师应通过鼓励、赞美和积极的沟通方式，创建一个安全、支持性的学习环境。这样的氛围可以激发学生的学习兴趣，鼓励他们与教师进行互动，分享自己的看法和问题。

个性化的互动策略有助于满足不同学生的学习需求。教师可以采用不同形式的互动，如小组讨论、个别辅导、实践项目等，以满足学生的多样化学习需求。通过个性化的互动，教师能更好地发现学生的优势和困惑，从而有针对性地提供支持和指导。

在职业教育智慧教学中，利用技术工具是促进教师与学生互动的重要策略。教师可以利用在线平台、社交媒体和即时通讯工具，与学生进行实时互动。这不仅能够方便学生提出问题和表达意见，还能够方便教师更及时地了解学生的学习状态，从而调整教学策略。

激发学生参与的互动策略是增强教学效果的关键。教师可以设计富有挑战性的问题，引导学生深度思考。通过鼓励学生分享自己的看法、经验和解决问题的方法，教师能够激发学生的自主学习动力，促使他们更积极地参与学习过程。

教师与学生之间的互动在职业教育智慧教学中具有重要作用。通过良好的沟通技能和多样化的互动策略，教师能够创建一个积极的学习环境，激发学生的学习兴趣，增强他们的学习效果。在互动实践中，教师应不断总结经验，灵活调整策略，以更好地满足学生的需求，推动职业教育的智慧教学取得更好的效果。

第四节　教师专业发展

一、职业教育智慧教学中教师专业发展的概述与影响

（一）教育领域的专业发展概述

教育领域的专业发展一直以来都受到社会、科技、文化等多方面因素的影响，而职业教育智慧教学作为其一部分，也在不断演进。在过去的几十年中，教育领域经历了从传统教学到现代教育技术的深刻变革，这种变革不仅体现在教学内容和方法的更新，更彰显在教育智能化的浪潮中。

传统教育模式的嬗变。过去的教育更加侧重知识的灌输，强调教师对学生的一对多传授。然而，随着社会的变革和信息技术的发展，人们对教育的需求也发生了变化。传统教育模式不再适应当今社会对人才培养的要求，教育专业不得不调整教学理念，更注重培养学生的实际技能、创新思维和团队协作能力等综合素养。

信息技术在教育领域的广泛应用。随着信息技术的快速发展，教育领域逐渐引入各种先进的技术手段，为教育提供更多的可能。职业教育智慧教学作为信息技术在职业教育中的体现，通过在线学习平台、虚拟实验室、学习管理系统等工具，为学生带来更为便捷、灵活的学习体验，同时也使得教育专业发展更具创新性。

教育领域专业发展的趋势是个性化教学。传统教育模式较为固定，往往无法满足学生差异化的学习需求。为了更好地促进每个学生的个性化发展，教育专业开始注重个性化教学的研究与实践。职业教育智慧教学的引入使得个性化教学更加贴近实际，通过数据分析、在线资源整合

109

等手段，教师能够更好地了解学生的个性差异，为其提供更为个性化的学习支持。

跨学科合作成为教育领域专业发展的新趋势。传统上，各学科之间的界限相对明显，随着社会问题和职业需求的复杂性增加，跨学科合作成为解决问题、推动创新的必然选择。职业教育智慧教学中，教师不仅需具有深厚的专业知识，还需具备对其他领域的了解，以更好地整合各学科知识，培养学生跨领域的综合素养。

教育领域的专业发展经历了传统教育模式向现代教育技术的演进，信息技术在教育中的广泛应用，个性化教学和跨学科合作的兴起。在这个过程中，职业教育智慧教学作为一种创新的教学模式，不仅反映了教育专业发展的新方向，也为教育体系带来了更大的活力。这种发展趋势助力培养更全面、创新、适应性强的学生，以更好地应对社会和职业的挑战。

（二）职业教育智慧教学环境中教师专业发展的影响

1.智慧教学环境对教师专业发展的影响

职业智慧教学环境是教育领域中的一种创新，它不仅对学生的学习产生深远影响，同时也在很大程度上指明了教师专业发展的方向。这种教学环境通过整合先进技术、创新教育理念和实践经验，为教师提供了更多机会和挑战，进而影响了教师的专业发展。

职业智慧教学环境使得教师更加需要具备跨学科的综合素养。在传统教育中，教师主要关注单一学科领域的知识传授。在职业智慧教学环境下，强调实践、跨学科融合，要求教师具备更广泛的知识背景和教育技能，促使教师积极学习其他领域的知识，提高其综合素质，适应更加多元化和复杂的教育需求。

职业智慧教学环境注重教育技术的应用，要求教师不仅要精通教学内容，还要掌握先进的教育技术。教师需要灵活运用数字化工具和在线教育平台，以更好地支持学生的学习，促进教育创新。这种技术应用的需求促使教师主动学习和更新教育技术知识，提升其在数字时代的专业发展水平。

职业智慧教学环境注重学生参与和个性化教学，这对教师的教学方法提出了更高的要求。教师需要通过不同的教学策略，激发学生的兴趣，鼓励其自主学习和实践。这促使教师不断探索创新的教学方式，关注学生的个性发展，培养学生的创造性思维和解决问题的能力。

在职业智慧教学环境下，教师专业发展受学习社区和合作团队的影响。教师需要积极参与学科领域的交流与研讨，分享教学经验和最佳实践，形成学习社区。同时，教师要与团队成员密切合作，共同设计和实施教育方案。这种合作精神促进了教师之间的互相学习和共同进步。

职业智慧教学环境推动了教师的反思和自我发展。教师在实践中不断尝试新的教学方法，关注学生的反馈和表现，通过反思不断改进自己的教学方式。这种自我反思的过程有助于教师不断提高自己的教育水平，保持专业发展的活力。

职业智慧教学环境对教师专业发展产生了深远影响。它要求教师具备跨学科的素养，掌握先进的教育技术，注重个性化教学和学生参与，强调学科交流和团队合作，促使教师在不断的实践中反思与发展。这种新型的教学环境为教师提供了更多的发展机遇，同时在激发教育创新和提升教学质量方面发挥了重要作用。

2.教师专业发展的具体需求

在数字时代，教师的角色正在发生深刻的变化，也呈现出新的发展需求。数字时代的特征要求教师不仅需要具备传统的教学技能，还需要适应和运用现代技术，以更好地满足学生的学习需求，培养他们适应未来职业发展的能力。

教师在数字时代的角色更加强调引导者和指导者的特质。传统上，教师主要是知识的传授者，但在数字时代，信息可以随时随地获取，教师的重要任务是引导学生如何获取、分析和应用这些信息。教师需要激发学生的自主学习能力，培养他们主动探究问题的习惯。

教师在数字时代需要更注重个性化的教学。每个学生的学习风格和节奏不同，数字化教学提供了更多个性化的学习机会。教师应了解学生的个体差异，借助技术手段提供更具针对性的学习资源，使每个学生在自己的学习步调下取得更好的学习效果。

教师在数字时代的角色需要更加注重创新。数字技术的不断发展带来了新的教学工具和方法，教师应积极探索对这些工具的应用，创新教学方式，以增强学生的学习体验。通过引入虚拟实验、在线协作项目等新颖的教学方式，教师能够更好地激发学生的创造力和创新思维。

与此同时，教师在数字时代需要不断提升自身的技术素养。了解并熟练运用现代技术，包括在线教学平台、数据分析工具等，这是教师在数字时代的必备技能。通过参与专业培训和持续学习，教师能够更好地适应技术的发展，更灵活地应用技术于实际教学。

在数字时代，教师的发展需求包括更强调跨学科和团队协作的能力。数字化教学常常涉及多学科的整合和跨界合作，教师需要具备整合各类资源、协同工作的能力，以提供更全面的学科知识和实践经验。

数字时代为教师提出了新的角色要求和发展需求。教师需要成为学生学习路上的引导者、个性化教学的实践者、创新教学的推动者，并具备先进的技术素养和跨学科团队协作的能力。通过不断的学习，教师能更好地引领学生迈向未来，培养他们适应数字时代的综合素养。

二、职业教育智慧教学中教师专业发展的实践与策略

（一）教育技术培训与教师专业发展

教育技术培训在职业教育智慧教学中扮演着关键角色，对教师的专业发展起到推动作用。教师专业发展的实践与策略不仅涉及技术层面的培训，更包括对教学理念、教育方法的不断反思和更新。以下是关于教育技术培训和教师专业发展的相关论述。

教育技术培训应该注重实际操作和应用。教师在接受教育技术培训时，不仅需要了解技术工具的基本使用方法，更需要通过实际操作和应用来深化对技术的理解。培训课程应该设计实际案例和场景，教师在实际教学中能够更灵活地应用所学技术，提高实际操作的熟练度。

教育技术培训需要关注教师的个性化需求。不同的教师在教学实践中面临不同的挑战和需求，因此教育技术培训应该提供多样化的内容，以满足不同教师的个性化需求。培训机构可以通过调查教师的实际需

求，设计有针对性的培训课程，使教师更好地应对自己教学中的挑战。

同时，教育技术培训应该融入理论与实践相结合的教学模式。培训内容不仅要讲解技术的具体操作方法，还要深入讨论技术在教学中的理论基础和实际应用。教师在培训中不仅是技术的使用者，更是技术的理论思考者和创新者，将技术与教学有机地结合起来。

教育技术培训应该强调教师的团队协作和交流。教育技术的发展日新月异，没有一个教师能够掌握所有的技术知识。培训中应该鼓励教师之间的交流和合作，通过分享经验和教训，共同推动教育技术的发展。

在教育技术培训的基础上，教师专业发展的策略应该注重持续学习和反思。教育技术领域的发展速度较快，教师需要保持学习的心态，不断更新自己的技术知识。同时，教师应该经常进行教学反思，从实际教学中总结经验，发现问题，并不断改进自己的教学方法。

教师专业发展的策略需要注重实践中的创新。教育技术的应用不仅是熟练使用工具，更要在实践中寻求创新，探索更有效的教学方式。教师可以通过参与教育技术项目、开展教育实践研究等方式，将理论知识与实际教学有机结合，推动教育技术的不断创新和发展。

教育技术培训与教师专业发展密不可分，教育技术培训应注重实际操作和个性化需求，融合理论与实践，强调团队协作和交流。在培训的基础上，教师专业发展的策略应包括持续学习、反思和实践中的创新，以不断提升教育技术水平，更好地满足职业教育智慧教学的需求。

（二）职业导向与实践性教学

在职业教育智慧教学中，职业导向和实践性教学是教师专业发展的两个关键方向。这两者的结合不仅能够满足学生的实际需求，更能够推动教师在教学实践中不断深化自己的专业素养。以下是一些教师专业发展的实践与策略，使职业导向和实践性教学在职业教育智慧教学中得到更好的应用。

教师需要加强与行业的紧密合作，建立与企业、行业协会等实际职业领域的合作关系，能够使教师更深入地了解职业发展的最新趋势、技能需求和行业标准。通过与行业专业人士的交流合作，教师能够更好地把握职业导向教育的实际需求，有助于设计更贴近实际职场的教学和内容。

创设实践性的教学场景是实现职业导向和实践性教学的重要策略。教师可以通过模拟实践、案例分析、实地考察等方式，创设真实的职业场景，让学生在模拟环境中进行实际操作和解决实际问题的实践性学习。这样的实践性教学不仅有助于提高学生的职业技能，还有助于教师深入了解学生在实际操作中的表现，更好地指导学生的职业发展。

在实践中，教师应该注重个性化的指导，了解每个学生的兴趣、优势和发展方向，为其提供个性化的职业规划建议。通过与学生建立积极的关系，激发其学习兴趣和职业发展动力，学生能够更主动地参与实践性教学。

教师应该积极探索新的教学方法和工具。在职业教育智慧教学中，利用先进的教育技术和在线平台，设计创新的教学内容，提供多样化的学习资源，促使学生更好地获取实际职业知识。教师需要不断学习和更新自己的知识，以满足技术发展的需求。

在专业发展的策略中，教师应该加强与同行的交流与分享。通过参与学科领域的研讨会、教育工作坊等形式，与其他教育者分享自己的教学经验和实践成果，从中获取新的教学理念和方法。这种同行交流可以拓宽教师的视野，促进教师专业发展。

教师专业发展需要注重反思和评估。通过定期对教学实践的反思，总结经验教训，发现不足之处，并在评估中不断优化教学设计和方法。这样的反思和评估机制有助于教师更好地了解自己的教学效果，提高专业水平。

职业导向和实践性教学在职业教育智慧教学中相辅相成。通过加强与行业的紧密合作、创设实践性的教学场景、注重个性化的指导、探索新的教学方法和工具、加强与同行的交流与分享、注重反思和评估等实践与策略，教师可以更好地发挥职业导向和实践性教学的优势，提升自己在职业教育智慧教学中的专业水平。

第六章　职业教育智慧教学的学生参与与动机

第一节　学生参与度与

一、学生参与度的定义与作用

学生参与度是指学生在学习活动中积极参与、表现出对学科知识的关注和热情的程度。它不仅是学生对课程的出席率，更是学生在学习过程中的主动性、积极性和深度参与的表现。学生参与度的提高对于职业教育智慧教学具有重要意义。

学生参与度的提高有助于激发学生的学习兴趣。当学生对学科内容产生浓厚的兴趣时，他们更愿意投入时间和精力去学习，更容易保持专注。通过在职业教育智慧教学中创设有趣且具有实际意义的学习场景，教师可以激发学生对知识的浓厚兴趣，从而提高他们的学习参与度。

学生参与度的提高有助于促进深度学习。学生通过积极参与讨论、实践和项目，能够更深入地理解学科知识，将所学知识更好地应用于实际问题解决。深度学习能使学生更全面、系统地掌握所学知识，培养批判性思维和解决实际问题的能力，为未来职业发展奠定坚实基础。

学生参与度的提高有助于培养学生的自主学习能力。通过在职业教育智慧教学中采用互动式、探究性的教学方法，鼓励学生提出问题、寻找解决方案，培养他们主动学习的意识和习惯。这种自主学习能力对学生未来在职场上的持续学习和自我发展具有积极影响。

学生参与度的提高有助于建立良好的师生关系。当学生感受到教师对他们的关注和支持时，他们更愿意与教师进行沟通、合作。建立积极的师生关系有助于形成良好的学习氛围，提高学生对教学的信任感，从而更积极地参与学习。

学生参与度在职业教育智慧教学中具有重要意义。通过激发学生的学习兴趣、促进深度学习、培养学生的自主学习能力和建立良好的师生关系，教师可以更好地引导学生在智慧教学环境中获得丰富的学习经验，为他们未来的职业发展打下坚实的基础。

二、影响学生参与度的因素

（一）课程设计与学习活动

课程设计与学习活动在职业教育智慧教学中扮演着至关重要的角色，学生的参与度是衡量教学效果的一个重要指标。影响学生参与度的因素涵盖多个方面，既包括课程设计的方向与策略，也包括学习活动的形式与环境。

课程设计的实际应用性直接关系学生的参与度。在职业教育智慧教学中，课程设计应该紧密结合实际职业需求，确保所教授的知识和技能对学生未来职业生涯具有实际价值。当学生能够看到所学知识的实际价值和意义时，他们更有动力参与学习活动，积极探索和运用所学。

学生的个体差异对参与度具有重要影响。不同学生在学科兴趣、学习风格、学习动机等方面存在差异，这些差异直接关系他们在课堂中积极参与的程度。课程设计应该充分考虑学生的个体特点，提供多样化的教学方式和学习资源，以满足不同学生的需求，激发他们的学习兴趣，调动他们的学习积极性。

学习活动的互动性和社交性对学生参与度具有深远影响。在职业教育智慧教学中，学习活动不局限于个体的知识获取，更强调团队协作和实际操作。设计富有互动性和社交性的学习活动，促使学生之间进行更有效的交流，增强学生对课程的关注度和参与度。

学生对学习环境的感知是影响参与度的重要因素。一个积极、舒适的学习环境能够调动学生学习的积极性。在职业教育智慧教学中，教室布局、教学设备及在线学习平台的设计都应考虑学生的学习体验，创建一个既符合现代教育理念又具有实际操作场景的学习环境。

教师的角色和教学方法对学生的参与度具有深远影响。在职业教育智慧教学中，教师不再是简单的知识传递者，更需要充当引导者和激励者。通过采用启发式的教学方法，激发学生思考和讨论的兴趣，教师能够引导学生更积极地参与学习活动。

（二）教学方法与教学风格

在职业教育智慧教学中，教学方法和教学风格是影响学生参与度的关键因素。

教学方法的选择直接关系学生的参与度。不同的教学方法对学生的学习方式有不同的影响。例如，传统的讲授式教学方法可能使学生产生厌倦感和失去兴趣，采用互动性强的问题解决、案例分析、小组讨论等实践性教学方法更容易激发学生的主动参与。在职业教育智慧教学中，教师可以通过引入在线讨论、虚拟实验、实际项目等多种教学方法，创设多样化的学习场景，提高学生的学习参与度。

教学风格的个性化与灵活性是影响学生参与度的重要因素。不同的学生有着不同的学习风格和需求，教师的个性化教学风格可以更好地满足这些差异。通过了解学生的兴趣、学科特长和学习风格，教师可以调整自己的教学风格，使教学更贴近学生的实际需求，提高学生的投入感和学习参与度。

在实践中，营造积极的学习氛围也是教学方法与教学风格的有机结合。教师可以通过鼓励学生表达意见、提出问题，倡导尊重和合作，营造轻松而积极的课堂氛围。在线平台上，可以设立在线讨论区、鼓励学生分享观点，提高学生的参与度。教师的支持和鼓励能够激发学生的自信心，增强他们的参与动力。

三、学生参与度提升的策略与实践

在职业教育智慧教学中，学生的参与度是教育质量和学习效果的重要指标。为提高学生参与度，教师需要在智慧教学环境中采取一系列策略与实践。

个性化学习路径的设计是提高学生参与度的有效途径。在智慧教学环境中，通过借助技术工具，教师可以更好地了解每个学生的学习风格、兴趣爱好和学科水平。基于这些信息，教师可以为每个学生定制个性化的学习路径，使学习内容更符合学生的实际需求，激发其学习兴趣，提高参与度。

引入实践性项目和任务是提高学生参与度的有效手段。通过在课程中嵌入实际项目和任务，学生将面临具体的问题和挑战，需要动手解决问题。这样的实践性学习不仅能够培养学生的实际操作能力，还能激发他们更深入地参与学习过程，提高学习的实用性。

在实践中，建立在线学习社群是提高学生参与度的有效途径。通过在线平台，学生可以方便地与同学进行交流与合作；教师可以引导学生共同参与讨论、分享学习心得，并通过群体合作的方式完成项目。这样的社群学习氛围可以促使学生互相激发学习动力，提高参与度。

技术工具的灵活运用能够提高学生参与度。利用在线投票系统、互动课件等工具，教师可以设计丰富多彩的课堂互动环节，调动学生的积极性。这样的技术工具有助于打破传统课堂的单一性，提高学生对教学内容的兴趣，促使他们更主动地参与讨论与互动。

及时的个性化反馈是提高学生参与度的重要手段。在智慧教学环境中，教师可以通过在线评估系统、实时互动等方式及时了解学生的学习情况。针对学生的表现，提供个性化的反馈，指导其进一步学习。这种个性化的关怀和指导有助于激发学生的学习动力，提高他们的参与度。

在教学设计方面，教师可以充分利用多媒体资源，设计生动有趣的教学内容。通过图文并茂、丰富多彩的教学材料，引起学生的注意，增强学习的吸引力，从而提高学生的参与度。

提高学生在职业教育智慧教学中的参与度需要综合运用多种策略。

设计个性化学习路径、引入实践性项目、建立在线学习社群、技术工具的灵活运用、及时个的性化反馈及生动有趣的教学内容等，都是有效的实践路径。通过这些策略的综合应用，教师能够更好地激发学生的学习兴趣，提高他们的学习参与度，达到更好的教育效果。

第二节　学习动机与目标设定

一、学习动机的概念

改变学习动机的概念在职业教育智慧教学中至关重要。学习动机指的是个体在学习过程中产生、维持和调控学习行为的内在动力和外在驱动力。这一概念的理解和应用直接影响、学生的学习态度、行为和成就。在职业教育智慧教学中，了解学习动机的本质和影响因素，运用有效的策略和方法来激发和维持学生的学习动机，对于增强教学效果和学生发展具有重要意义。

首先，了解学习动机的概念需要考虑其内在和外在因素。内在动机是指个体出于自身兴趣、好奇心和自我实现的需要而参与学习活动，外在动机是指个体出于外部奖励、惩罚或他人期望而参与学习活动。在职业教育中，学生的学习动机可能受多种因素的影响，包括职业发展的期望、个人兴趣爱好、家庭环境和社会认可等。

其次，职业教育智慧教学中需要运用多种策略和方法来激发和维持学生的学习动机。例如，可以通过设立明确的学习目标和奖励机制来激发学生的内在动机，让他们感受学习的成就和满足感；同时，可以通过提供有趣、富有挑战性和实践性的学习任务来调动学生的学习兴趣和积极性，使其更投入学习过程。

最后，个性化教学方法是增强学生学习动机的有效途径之一。个性化教学可以根据学生的学习风格、兴趣爱好和能力水平进行定制，使其更加符合学生的需求和期望，从而激发学生的学习兴趣，调动学生的学习积极性。例如，可以通过提供多样化的学习资源和活动来满足不同学生的学习需求，让每个学生都能找到适合自己的学习方式和路径。

学习动机的概念在职业教育智慧教学中具有重要意义。了解学习动机的内在和外在因素，运用有效的策略和方法来激发和维持学生的学习动机，可以增强教学效果，促进学生的全面发展。因此，教育工作者应该重视对学习动机的培养和引导，为学生提供良好的学习环境和支持，帮助他们实现自身的学习目标，促进职业发展。

二、影响学习动机的因素

（一）个体因素

在职业教育智慧教学中，学习动机是学生投入学习的内在驱动力，对学生的学习成果和教学效果有重要影响。学习动机的理论及影响因素是理解学生学习行为和增强学习效果的关键。

社会认知理论为学习动机提供了深刻的理解。社会认知理论强调学生通过观察和模仿他人来获得知识和技能。在职业教育智慧教学中，教师可以通过引入案例分析、模拟实践等教学活动，激发学生对实际职业情境的兴趣，从而增强他们的学习动机。

自我决定理论为学习动机的解释提供了有益的视角。该理论认为，学生的学习动机受满足基本心理需要程度的影响。在职业教育智慧教学中，教师可以通过提供富有挑战性的任务、给予学生自主选择的权利，增强学生的学习自主性和内在动机。

成就动机理论认为学生的学习动机与他们对成功和成就的期望密切相关。在职业教育智慧教学中，教师可以通过设立明确的学习目标和提供明确的反馈，增强学生的学习动机，激发他们对学习的热情之情。

在职业教育智慧教学中，个体因素对学习动机具有重要影响。学生的个体差异，如兴趣、认知风格、学科倾向等，都可能影响他们对学习的动机。教师应该通过个性化的教学设计和辅导，更好地考虑学生的个体差异，以增强他们的学习动机。

学生的学业自信心和自我效能感是学习动机的重要影响因素。在职业教育智慧教学中，教师可以通过鼓励学生分享成功经验、提供正向激励等方式，帮助学生树立自信心，从而增强他们的学习动机。

在实际教学中，给予学生更多的参与机会，例如小组合作、实践项目等，也能够增强学生的学习动机。让学生亲身参与学科实践，感受自己的能力在实际应用中的发挥，能够激发学生对学科的浓厚兴趣，调动学习的积极性。

综合来看，在职业教育智慧教学中，学习动机的理论有助于教师深刻理解学生的学习行为和需求。运用社会认知理论、自我决定理论、成就动机理论等多角度的理论，教师可以更全面地了解学生的学习动机，从而有针对性地设计教学活动和提供支持，增强学生在职业教育智慧教学中的学习动机。

（二）环境因素

学习动机在职业教育智慧教学中发挥着重要的作用，环境因素是影响学习动机的重要因素之一，理解学习动机的理论和环境因素对于优化教学设计、提高学生参与度具有重要意义。

学习动机的理论主要包括内在动机理论、成就动机理论和期望理论等。内在动机理论强调个体内在的、对任务本身的兴趣和满足感的驱动。成就动机理论关注个体在学业中的成就需求和目标。期望理论将学习动机视为一种通过努力实现预期目标的行为。这些理论共同构成了学生学习动机的理论基础。

环境因素对学习动机的影响是多层次和复杂的。学习环境的设计直接影响学生的学习动机。一个充满挑战、具有实际应用的学习环境能够激发学生的好奇心和求知欲，增强他们的内在动机。例如，通过模拟真实职业场景的项目和案例，学生可以更好地理解知识的实际应用，激发他们深入学习的兴趣。

教学方式和方法会影响学生的学习动机。交互式、探究性的教学方法能使学生更加主动地参与学习过程，有助于激发他们的学习兴趣。个性化的学习设计，能够根据学生的兴趣和能力差异进行调整，更好地满足学生的需求，增强他们的学习动机。

环境因素包括同伴关系和社会支持。学生与同伴之间的互动和合作，能够激发他们的竞争意识和合作意愿，从而影响学习动机。教师和家长的支持和鼓励也对学生的学习动机具有积极影响，营造积极的学习氛围，增强学生对学习的信心和兴趣。

目标设定和反馈机制是环境因素中重要的影响因素。设定具有挑战性和可达成性的学习目标，有助于激发学生的学习动机。及时、具体的反馈能够帮助学生了解自己的学习进展，使他们更多地参与学习，追求更好的表现。

学习动机理论为学生学习动机的产生原因提供了理论基础，环境因素是影响学习动机的关键因素之一。通过创建积极的学习环境、采取有效的教学方法、加强同伴和社会支持以及设定合理的学习目标和提供及时反馈，教育者能够更好地激发学生的学习动机，促使其在职业教育智慧教学中更积极、主动地参与学习。

三、目标设定与学习动机的关系

目标设定和学习动机在职业教育智慧教学中相辅相成，二者存在着密切的关系。目标设定既是为学生指明学习方向的重要手段，也是直接影响学生学习动机的重要因素。在职业教育智慧教学中，有效的目标设定与促进学习动机的策略相辅相成，共同推动学生的积极参与和深度学习。

目标设定是学习动机的引导者。明确的学习目标能够为学生指明学习方向，使其明白学习的目的和意义。在职业教育智慧教学中，目标设定需要更加注重实际职业需求，使学生直观所学知识和技能对未来职业发展的帮助。这种直观性的目标设定有助于激发学生的学习兴趣，增强学习动机。

目标设定与学习动机相互影响。学生的学习动机直接关系他们对目标的认同程度。当学生在学习中感受到目标的挑战性和吸引力时，他们更容易保持高度的学习动机。职业教育智慧教学中的目标设定应该具有一定的灵活性，能够根据学生的实际水平和需求进行调整，以更好地激发学生的学习动机。

学习动机的增强可以成为目标设定的依据。通过了解学生的学习动机，教师能够更好地设定目标，使其更符合学生的学习兴趣和需求。在职业教育智慧教学中，目标设定是教学计划的一部分，需要紧密结合学生的学习动机，以实现学习过程的个性化和差异化。

在职业教育智慧教学中，促进学习动机应该注重以下几个方面：

提供富有挑战性的学习任务。设置具有一定难度和挑战性的学习任务，可以激发学生的学习兴趣和积极性，使他们更加投入学习。这种挑战性的任务既可以通过实际职业场景实现，也可以通过创新性的课程设计实现。

创建积极的学习环境。在职业教育智慧教学中，学习环境的创建至关重要。教室的布局、在线学习平台的设计、教学资源的整合等方面都需要考虑学生的学习体验，创建一个积极、舒适的学习环境，有助于增强学生的学习动机。

教师的激励和引导是影响学习动机的关键因素。在职业教育智慧教学中，教师需要不断激发学生对目标的追求，通过正面的鼓励、认可和引导，保持学生高度的学习动机。教师在教学中的言传身教，更能够直接激发学生的学习兴趣和积极性。

目标设定与学习动机在职业教育智慧教学中是相辅相成的关系。明确的学习目标能够引导学生的学习方向，积极的学习动机又能够促使学生更好地实现这些目标。通过灵活调整目标设定，提供富有挑战性的学习任务，创建积极的学习环境，教师的激励和引导等策略，促进学生的学习动机，推动职业教育智慧教学的有效实施。

四、智慧教学环境下的目标设定策略

在职业教育智慧教学中，目标设定是促进学生学习动机、引导学习方向、增强学习效果的重要策略。明确、具体的目标设定可以激发学生对学习的兴趣和动力，使其更加专注和有方向地投入学习。以下是一些目标设定策略以及在职业教育智慧教学中的实践。

明确学习目标是目标设定的基础。在职业教育智慧教学中，教师需要清晰地界定每个学习单元的学习目标，并通过智能化教学平台将这些目标传达给学生。目标的明确性有助于学生更好地理解学习任务，明白学到的知识和技能将对其未来职业发展产生何种影响。

将学习目标分为具体的任务和活动。在职业教育智慧教学中，任务型目标更容易引起学生的兴趣和关注。教师可以通过拆分学习目标，设计一系列富有挑战性的任务和实践活动，让学生在实际操作中逐步实现学习目标。这样的任务导向学习有助于增强学生的学习动机，将努力和学习成果直接转化为实际技能。

在实践中，设定具有挑战性的目标是增强学习动机的有效途径。富挑战性的目标可以激发学生的学习兴趣和自我提高的欲望。在职业教育智慧教学中，教师可以根据学生的水平和发展需求，设定一些具有一定难度的目标，鼓励学生挑战自我，不断提高自身的职业能力。

为学生提供个性化的目标设定和学习路径是一种有效的策略。在智慧教学环境中，通过教育技术的支持，教师可以更好地了解每个学生的学习特点和水平。基于这些信息，教师可以个性化地设定学习目标，为学生提供更贴近实际需求的学习路径，提高学生的参与度和学习动机。

在目标设定的过程中，及时的反馈机制是关键的一环。通过在职业教育智慧教学平台上设定及时的反馈机制，学生可以随时了解自己的学习进展和达成目标的情况。这种实时反馈有助于激发学生的学习动机，因为他们能够清晰地看到自己的努力与进步。

目标设定是职业教育智慧教学中的重要策略之一。通过明确、富有挑战性的学习目标，将目标分解为具体任务，提供个性化的目标设定和及时的反馈，激发学生的学习兴趣和动机，推动其更有目标地投入学习，取得更好的学习效果。

第三节　学生自主学习与职业发展

一、学生自主学习的重要性

在职业教育智慧教学中，学生自主学习的重要性不容忽视。自主学习是指学生能够在教学过程中自主地设定学习目标、选择学习内容、制订学习计划、评价学习效果及调整学习策略的能力。这种学习方式不仅有助于提高学生的学习效率和学习质量，还有助于培养学生的创新精神和自我发展能力，从而更好地满足未来职业发展的需求。

学生自主学习有助于培养学生的学习动机和学习兴趣。在职业教育智慧教学中，学生不再是被动接受知识，而是积极参与学习过程，自主选择学习内容和制订学习计划。这种自主学习的过程使学生感到学习的乐趣和成就感，从而激发学生对学习的主动性和积极性，增强学生的学习动力。

在职业教育中，学生不仅需要掌握一定的专业知识和技能，更需要具备独立思考、自我管理、解决问题的能力。通过自主学习，学生可以锻炼自己的学习能力和学习素质，包括自我管理能力、信息获取和分析能力、问题解决能力等。这种学习方式不仅能够帮助学生更好地满足职业发展的需求，更能够为其未来的个人发展和职业规划打下坚实的基础。

在职业教育智慧教学中，学生可以根据自己的兴趣和需求选择学习内容和学习方式，自主探索和发现知识。这种探索性的学习过程不仅能够激发学生的求知欲和探索精神，更能够培养学生的创新意识和创造力。通过自主学习，学生可以更好地发挥自己的想象力和创造力，提出新颖的观点和解决问题的方法，从而为未来的职业发展做好准备。因此，教育者和教学机构应该重视学生自主学习的培养，为学生提供更好的学习环境和支持，共同推动职业教育事业的发展。

二、自主学习的影响因素

（一）个体因素

在职业教育智慧教学中，个体因素对于学生的自主学习至关重要。理解学生的个体差异，考虑个体因素与自主学习的关系，对于制定有效的教学策略至关重要。以下是关于职业教育智慧教学中学生自主学习的理论与原则的论述。

个体因素包括学生的学科兴趣、学习风格、自我效能感等方面。这些因素在一定程度上决定了学生对自主学习的态度和水平。例如，具有较高学科兴趣的学生更容易自发地投入学习。学习风格的差异也影响学生学习方式的选择。在职业教育智慧教学中，教师需要了解学生的个体因素，以更好地引导和激发他们的自主学习意愿。

自主学习的理论强调学生在学习过程中的主动性和自主性。例如，构建在自我决定理论基础上的自主学习理论认为，学生在学习中的动机和行为受三种基本心理需求的影响，即自主性、关联性和能力。在职业教育智慧教学中，教师需要创建有利于学生自主学习的环境，满足学生自主性、关联性和能力的需求，促使学生更积极地参与自主学习。

自主学习强调个性化。不同学生有不同的学习习惯、学习能力和学习兴趣，在职业教育智慧教学中，教师应当根据学生的个体因素，提供个性化的学习支持，包括设计灵活多样的学习任务，采用不同的教学方法，以满足学生个性化的学习需求，激发他们更深层次的学习兴趣。

自主学习强调渐进性。自主学习是一个逐渐培养和发展的过程，学生需要逐步建立自我监控、自我评估和自我调整的能力。在职业教育智慧教学中，渐进性的原则意味着教师应该从学生已有的学习水平和能力出发，逐步引导他们提升自主学习的能力，使其在职业教育领域更具独立思考和解决问题的能力。

自主学习强调反馈与调整。学生在自主学习过程中，需要及时反馈信息，以便调整学习策略和方法。在职业教育智慧教学中，教师可以通过提供有效的反馈机制，引导学生自主进行学习评估和调整，促使他们更加独立地应对学习挑战。

（二）教育环境

在职业教育智慧教学中，学生的自主学习能力是培养创新能力和适应未来职业发展的关键。自主学习理论和原则为教育者提供了指导，以帮助学生在智慧教学环境中更好地进行自主学习。

自主学习理论强调学生在学习过程中的主动性和自主性。根据自主学习理论，学生应该成为学习过程的主体，能够自主选择学习的内容、方式和时间。在职业教育智慧教学中，教育者应该为学生提供丰富的学习资源和多样的学习路径，让学生有更多的选择，激发他们的学习兴趣。

设定明确的学习目标是促进学生自主学习的重要原则。在智慧教学环境中，学生应该能够清楚地了解每个学习单元的目标，并能够根据个人的兴趣和职业发展需求，设定个性化的学习目标。教育者需要通过引导学生制定可行的目标、提供实时的反馈等方式，帮助学生更好地理解和实现学习目标。

培养学生的自主学习能力需要注重学习过程的设计和组织。在职业教育智慧教学中，教育者应该倡导问题驱动的学习，让学生从解决实际问题的角度出发，主动地获取所需的知识和技能。通过设计富有挑战性和实践性的项目任务，教育者可以引导学生积极参与自主学习，提高他们解决问题和实际应用的能力。

在职业教育智慧教学中，利用技术工具是促进学生自主学习的有效手段。教育者可以引入在线学习平台、虚拟实验、多媒体资源等技术工具，为学生提供更灵活、便捷的学习途径。通过技术的支持，学生可以随时随地获取学习资源，根据个体差异和学科特点，选择适合自己的学习方式。

在实践中，建立学习社群是促进学生自主学习的一种重要方式。在职业教育智慧教学中，教育者可以通过在线平台建立学习社群，让学生在群体中分享经验、互相支持，共同解决问题。学习社群的建立有助于扩大学生的学习范围，增强他们的学习动力和合作能力。

职业教育智慧教学中的学生自主学习理论与原则强调学生在学习中的主动性、目标设定、问题解决和技术支持等方面的重要性。引导学生设定明确的学习目标、设计富有挑战性和实践性的学习任务、利用技术工具和建立学习社群等策略，可以有效地培养学生的自主学习能力，使其更好地应对未来职业发展的挑战。

三、职业发展与自主学习的关系

职业发展与自主学习之间存在密切的联系，尤其在职业教育智慧教学中，学生的职业发展需要依赖自主学习的策略。以下是这两者关系的一些重要观点。

自主学习为学生职业发展提供了必要的技能和素养。在职业教育智慧教学中，学生能够通过自主学习培养解决问题、分析情境、创新思维等职业发展所需的核心能力。自主学习能够使学生独立获取和理解职业领域的知识，以培养解决实际问题的能力，为学生职业发展奠定坚实的基础。

自主学习有助于学生形成自我导向和职业规划能力。在学习过程中，学生通过自主学习逐渐了解自己的兴趣、优势和目标，从而更好地规划自己的职业发展路径。通过设定个人发展目标、制定职业规划，并通过自主学习逐步实现这些目标，学生能够更有针对性地投入职业发展。

自主学习有助于提高学生的适应性和学习能力。在职业发展过程中，学生可能面临各种未知的挑战和新的知识领域，自主学习让他们具备了更强的适应性。通过学习如何主动获取、理解和应用新知识，学生能够更好地应对未来职业发展中的各种变化和挑战。

自主学习也有助于培养学生的创新能力。在职业领域中，创新是个人和组织发展的重要动力。通过自主学习，学生能够培养批判性思维、创造性解决问题的能力，为职业发展中的创新和改进提供有力的支持。

自主学习对于建立学生的职业网络和人际关系网络具有积极作用。

在学习过程中，学生通过自主学习参与项目、实践和团队合作，这有助于与同行、导师及业界专业人士建立联系。这些人际关系网络对于学生未来的职业发展提供了丰富的资源和机会。

在职业教育智慧教学中，教育者应当注重培养学生的自主学习能力，通过设计激发学生兴趣的学习任务、提供个性化的学习资源、引导学生参与实际项目等方式，激发学生的自主学习动机。在这个过程中，学生不仅能够更好地适应未来职业发展的需要，还能够在自主学习中形成对未来职业的深刻理解和发展规划。

四、自主学习策略

在职业教育智慧教学环境下，学生的自主学习策略对于实现职业发展目标至关重要。以下是关于智慧教学环境下的自主学习策略及其在职业教育中的应用。

建立个性化学习路径是一项重要的自主学习策略。通过智慧教学平台，教育者可以收集学生的学科兴趣、学科水平、职业发展目标等信息，从而为每个学生制定个性化的学习路径。这样的个性化学习路径能够更好地满足学生的需求，激发他们的学习兴趣，增强学习动机。

鼓励学生参与实践性项目和实际工作是促进自主学习的有效策略。在职业教育智慧教学中，教育者可以设计与实际职业相关的项目，让学生在实践中应用所学知识和技能。通过参与这些项目，学生不仅能够更深入地理解职业领域的要求，还能培养解决实际问题的能力，增强自主学习的实践性。

培养学生的信息获取和处理能力是智慧教学环境下自主学习的重要策略。由于智慧教学提供了更多的学习资源和信息，学生需要学会有效地获取、筛选和利用这些信息。教育者可以通过培养学生的信息素养，引导他们主动探索学科领域的新知识，提高对职业信息的敏感性。

在实践中，设立学生自主研究项目是一种自主学习策略。通过鼓励学生选择并深入研究个人感兴趣的主题，教育者能够激发学生主动学习的意愿，培养他们独立思考和解决问题的能力。这种自主研究项目可以在职业教育中培养学生对特定职业领域的深刻理解，为学生未来的职业发展奠定基础。

建立学习社群和团队合作是智慧教学环境下的另一种自主学习策略。通过在线平台，学生可以在虚拟的学习社群中分享资源、讨论问题，与同学共同解决难题。团队合作不仅能够拓宽学生的学科视野，还能够培养他们的团队协作和沟通能力，提高自主学习的社交性。

教育者可以通过设立学习反思和自我评价机制来促进学生的自主学习。在职业教育智慧教学中，通过引导学生对自己的学习过程进行反思和评价，激发其对学习效果的自我认知。这样的机制有助于学生更好地了解自己的学习方式、优势和不足，从而更有针对性地进行自主学习的规划。

第四节　学习社群

一、学习社群的概念与特征

学习社群是由一群有着共同学习目标和兴趣的个体组成的社会网络，他们通过相互合作、分享经验和资源来促进学习和知识构建。在职业教育智慧教学中，学习社群理论被广泛应用，以创建更具互动性和合作性的学习环境，促进学生的综合素养和职业发展。以下是学习社群的概念与特征以及在职业教育智慧教学中理论与构建的相关论述。

学习社群的核心是成员共同的学习目标和兴趣。这些目标和兴趣是学习社群成员聚集在一起的动力，形成了学习社群的凝聚力。

学习社群成员之间通过相互合作和协作，共同解决问题、完成任务。合作有助于成员之间的互补和学习资源的共享，增强整个学习社群的学习效果。

学习社群注重知识的共同构建，成员通过讨论、交流和分享经验，共同构建知识体系。这种知识的社会性构建有助于更深层次的理解和应用。

学习社群具有强烈的互动性，成员之间通过讨论、评论、反馈等形式积极参与学习活动。这种互动性有助于激发学习兴趣，提高学习的参与度。

学习社群中的成员可能来自不同的背景、专业领域和层次，具有多样性。学习社群的包容性使不同背景的成员相互学习、交流，促进全方位的发展。

在职业教育智慧教学中，通过基于实际项目的学习社群，学生能够在解决实际问题的过程中应用所学知识。项目驱动的学习社群强调实践性和职业相关性，有助于培养学生解决实际问题的能力。

利用社交媒体和在线学习平台构建学习社群，为学生提供了更广泛的交流和互动平台。通过这些工具，学生能够方便地分享资源、进行讨论，增强学习社群的活力。

在学习社群中引入导师制度，即有经验的成员担任导师角色，指导新成员的学习。这有助于知识的传承，促进学习社群成员之间的跨层次合作。

利用虚拟实验室和沉浸式学习技术，学习社群成员能够在模拟环境中进行实践，提高学习的真实感和深度。

通过与行业合作，将实际项目引入学习社群，使学生能够在真实职业环境中应用所学知识，促进职业素养的培养。

在职业教育智慧教学中，学习社群的构建不仅能够提高学生的学科能力，更能够培养学生的团队协作、创新思维和跨学科等综合素养，为学生未来的职业发展提供更为全面的支持。

三、学习社群的理论基础

（一）教育社群理论

首先，教育社群理论强调学生之间的互动与合作。在职业教育中，学生往往具有不同的背景和经验，他们的交流与互动对于知识的构建至关重要。智慧教学平台可以为学生提供一个交流与合作的场所，促进他们之间的互动，从而更好地理解和应用所学知识。

131

其次，教育社群理论注重学生的主动性和参与度。在职业教育中，学生需要不断地更新自己的知识和技能，以满足不断变化的职场需求。智慧教学通过提供个性化的学习路径和资源，激发学生的学习兴趣和动力，帮助他们更加主动地参与学习过程。

在职业教育智慧教学中，学生可以通过分享自己的学习经验和心得，共同解决学习中遇到的问题，形成一个共建共享的学习社群。这不仅能够加深学生对知识的理解，还能够培养学生的团队合作能力和沟通能力，提高他们的综合素质。

最后，教育社群理论强调学习的社会性和情感性。在职业教育智慧教学中，学生不仅要学习专业知识和技能，还要培养自己的职业素养和人际交往能力。智慧教学平台可以通过提供情感化的学习环境和个性化的学习支持，帮助学生建立起良好的学习情感，增强他们的学习信心和自信心。

（二）技术支持的社交学习理论

技术支持的社交学习理论为职业教育智慧教学中的学习社群提供了理论基础。这些理论包括社会认知理论、社会文化理论、社会建构主义理论等，它们强调了学习环境中社会互动和合作的重要性，以及通过技术支持的方式促进学习社群形成和发展的有效性。

首先，社会认知理论强调社会互动在学习过程中的重要作用。根据这一理论，人们通过观察、模仿、参与社会活动来获得知识和技能。在职业教育智慧教学中，技术支持的社交学习可以提供学生与同行、教师及其他专业人士交流合作的平台，帮助他们共同探讨问题、应对挑战，从而加深对知识的理解和应用。

其次，社会文化理论强调学习是社会活动的产物。根据这一理论，个体的认知和发展受所处社会文化环境的影响。在职业教育中，学习社群可以被视为一个共同的文化环境，通过技术支持，学生可以参与到这个学习社群，与他人分享经验、交流想法，从而融入职业教育的文化，加速个人的学习和发展。

　　最后，社会建构主义理论强调知识的社会建构过程。根据这一理论，知识并非客观存在的，而是通过人们共同的参与和协商建构出来的。在技术支持的社交学习中，学生可以通过讨论、分享、合作等方式共同构建知识，这不仅能够加深对知识的理解，更能够培养学生的批判性思维和解决问题的能力，提高其在职业领域的适应能力和创新能力。

三、职业教育智慧教学中学习社群的实践与优化

在智慧教学环境下，学习社群在职业教育中扮演着至关重要的角色。学习社群是一个集体学习的空间，是教学与学习的有机结合。在职业教育中，构建和优化学习社群是推动学生全面发展的有效途径。

学习社群为学生提供了一个共同体验的平台，使他们建立紧密联系。这种紧密性有助于学生之间的相互支持与合作，形成一种共同学习的氛围。通过分享知识和经验，学生可以更好地理解课程内容，加深对专业知识的理解。这种协作学习的方式不仅能够增强学生的学科能力，还能培养团队协作的能力，为日后的职业发展奠定基础。

学习社群提供了一个开放的学习环境，鼓励学生自主学习和探索。在这个开放的社群中，学生可以自由地分享自己的学术思考和见解，且不受传统教学框架的限制。这种开放性激发了学生的学习兴趣，培养了他们主动探索问题、解决问题的能力。学习社群的开放性也为教师提供了更多的可能，使其更灵活地调整教学策略，满足学生多样化的学习需求。

学习社群在智慧教学环境中扮演了一个信息传递的枢纽角色。通过社群平台，学生可以迅速获取最新的职业信息和行业动态。这种信息共享不仅拓宽了学生的职业视野，还使他们更好地融入职业社会。同时，学习社群为教师提供了一个了解学生需求和反馈的途径，有助于及时调整教学方案，增强教学效果。

职业教育中的学习社群实践与优化是推动学生综合素养发展的重要手段。通过构建紧密的学习社群，学生在共同学习的过程中相互支持、合作，形成良好的学术氛围。开放的学习环境激发了学生主动学习的兴趣，培养了他们解决问题的能力。学习社群还成为信息传递的枢纽，促使学生及时获取职业信息，更好地融入职业社会。在智慧教学环境下，

不断完善学习社群的实践与优化，将为职业教育提供更有力的支持。

四、职业教育智慧教学中学习社群的效果评估与优化

在职业教育智慧教学中，学习社群的实践和优化是关键的环节，需要进行有效的效果评估，不断地优化。以下是对学习社群实践与优化的论述。

学习社群的效果评估是确保教学活动有效性的关键一步。要考查学习社群能否促进学生的知识构建。通过分析学生在社群中的讨论、合作和交流活动，以及他们在实际职业场景中应用所学知识的情况，评估学习社群对学科知识的共建和应用效果。

要关注学习社群对学生实际技能和能力的培养是否有效。通过观察学生在社群中的实践项目、职业案例分析等实际操作，评估学生能否在学习社群中培养出实际应用的职业技能，提高他们在职业领域中的竞争力。

要关注学习社群对学生团队协作和跨文化交流能力的影响。通过观察学生在社群中的合作项目、团队讨论等活动，评估学生能否有效地与团队成员合作，同时能否在跨文化的环境中进行有效的沟通。

对学习社群的社会互动和情感体验进行评估也极为重要。学习社群中的社交互动对构建社会性知识、促进学习动机具有重要作用。通过收集学生对学习社群的参与度、满意度及社交体验的反馈，更全面地了解学习社群的效果。

为了不断增强学习社群的效果，需要进行优化改进。可以通过引入更多实际案例、职业项目等实践性的元素，培养学生的实际操作和职业应用能力。这有助于将学习社群的理论学习与实际职业需求更好地结合起来。

通过引入多样化的学科内容、跨学科的知识，提升学习社群的综合性和多元性。这有助于拓宽学生的知识视野，使他们更好地应对职业领域的变化和挑战。

通过使用先进的教育技术和在线平台，进一步优化学习社群的组织和管理。这包括更便捷的社群互动工具、学生作品展示平台等，以提升

学生参与学习社群的积极性和体验感。

　　建立有效的反馈机制是优化学习社群的关键。通过及时收集学生对学习社群的反馈意见，包括对社群氛围、教学设计、学科内容等方面的评价，帮助教师更好地了解学生的需求和期望，从而进行有针对性的调整和优化。

　　学习社群的实践与优化是职业教育智慧教学中的一个重要环节。通过有效的效果评估，了解学习社群在知识构建、实际技能培养、团队协作等方面的效果，然后进行不断的优化，学习社群能够更好地发挥作用，为学生的职业发展提供有力支持。

第七章 职业教育智慧教学的评估与成效研究

第一节 教学评估

一、教学中教学评估的意义

在职业教育智慧教学中，教学评估扮演着重要的角色，其意义不言而喻。教学评估不仅是对教学效果的客观评价，更是促进教学改进和学生发展的重要手段。通过教学评估，教师可以及时了解学生的学习情况和问题，调整教学策略和方法，提高教学质量和效果。同时，教学评估可以激发学生的学习动力和兴趣，促进其全面发展和个性成长。

首先，教学评估有助于全面了解学生的学习情况和问题。在职业教育中，学生的学习目标和学习需求各不相同，因此，教师需要通过评估来了解学生的学习水平、学习兴趣和学习能力，从而更好地指导学生的学习和发展。通过多样化的评估手段，如考试、作业、项目评估、课堂表现评价等，教师可以全面了解学生的学习情况，及时发现学生的优势和不足，为其提供针对性的支持和帮助。

其次，教学评估有助于调整教学策略和方法，提高教学质量，增强教学效果。通过对学生学习情况的评估，教师可以了解哪些教学内容和方法更受学生欢迎和喜爱，哪些教学内容和方法需要调整或改进。在职业教育智慧教学中，教师可以利用技术手段收集和分析学生的学习数据，从而更加客观地评估教学效果，及时调整教学策略和方法，提高教学质量，增强教师。

最后，教学评估可以激发学生的学习动力和兴趣，促进其全面发展和个性成长。通过及时的评估反馈，学生可以了解自己的学习水平和进步情况，增强学习的自信心和动力。同时，教学评估可以帮助学生发现自己的学习问题和不足之处，引导其积极主动地进行学习和改进。通过多样化的评估方式，如评价、表扬、奖励等，教师可以激发学生的学习兴趣和参与度，促进其全面发展和个性成长。

总的来说，教学评估在职业教育智慧教学中具有重要意义，不仅可以全面了解学生的学习情况和问题，调整教学策略和方法，提高教学质量，增强教学效果，更可以激发学生的学习动力和兴趣，促进其全面发展和个性成长。因此，教育者和教学机构应该重视教学评估的实施，为教学改进和学生发展提供更好的支持和条件，共同推动职业教育事业的发展。

二、教学评估的理论模型

在职业教育智慧教学中，教育评估的理论模型是一个至关重要的元素，它为教学评估提供了明确的框架和指导原则。

理论模型的核心在于深刻理解学习的本质。认知学习理论强调个体在学习中主动构建知识的过程，注重学生思维和认知的发展。在职业教育中，这一理论模型不仅要关注学科知识的掌握，更应关注学生在实际职业环境中应用这些知识的能力。行为主义学习理论强调通过反馈和奖惩来塑造学生的行为，评估应注重对学生实际行为表现的观察和记录，以便更全面地了解学生的学习状况。

在教学评估的框架与模型中，要综合运用不同的评估方法。传统的定量评估，如考试和测验，能够客观地衡量学生对特定知识点的理解程度，但对学生实际应用能力的了解较为有限。需要结合定性评估，如项目作业和实地考察，全面了解学生的综合素养和职业技能。

一个有效的教育评估框架需要注重反馈机制的建立。教师不仅要及时向学生提供有针对性的反馈，指导他们在学习中更好地前进，也需要引导学生学会自我评估。通过自我评估，学生能够更深入地了解自己的学习情况，从而更好地调整学习策略和目标。

在职业教育智慧教学中，应考虑社会文化背景对教育评估的影响。不同职业领域可能对知识和技能的要求存在差异，因此评估模型需要根据具体职业特点进行调整。同时，考虑到学生的个体差异，评估模型应该具有灵活性，能够适应不同学生的学习风格和发展水平。

一个完善的教育评估模型应当是一个循环的过程。评估结果应当反馈到教学设计和实施中，以不断改进和优化教学方法。同时，评估需要与教育目标紧密结合，确保评估过程真正为学生的职业发展提供有力的支持。在这个过程中，教育者需要保持对教学理论和实践的敏感性，不断推动教育评估模型的创新和发展，以满足不断变化的职业教育需求。

三、教学评估的框架

职业教育智慧教学中的评估框架和教学评估理论与方法是保障教学质量和学生学习效果的关键组成部分。以下是对这一主题的论述。

评估框架在职业教育智慧教学中具有重要地位。评估框架需要综合考虑多个方面的因素，包括学科知识、实际操作能力、职业素养等。这种综合性的评估有助于全面了解学生的综合素质和学科能力，为教学提供更为准确的反馈。

评估框架需要与职业领域的实际需求相结合。职业教育的目标是培养学生具备实际职业能力和适应职业环境的能力。评估框架应当能够反映学生在实际职场中所需的技能和素养，以确保教学的实用性和针对性。

评估框架应强调学生的自主学习和实践能力。在职业教育智慧教学中，学生需要具备独立解决问题和实际操作的能力。评估框架应当关注学生在实际项目中的表现，以评估他们自主学习和实践能力的发展情况。

在教学评估理论与方法方面，要注重多元化的评估手段。传统的考试和测试虽仍有其重要性，但在职业教育智慧教学中，更需要结合实际案例分析、项目评估、实际操作考核等多元化的评估手段。这有助于更全面地了解学生的综合能力，促使他们更好地将理论知识运用于实际问题。

教学评估理论与方法应注重实时性和反馈性。在职业教育智慧教学中，学生需要及时获得对自己学习的反馈，以便及时调整学习策略和方法。评估方法应当具有及时性，能够迅速获取学生的学习状况信息，并提供及时、有效的反馈。

教学评估理论与方法要注重综合性评估。综合性评估可以综合考虑学生的学科知识、实际操作能力、团队协作和跨文化沟通等多个方面的表现。这种综合性评估有助于更全面地了解学生的整体素质和潜力。

教学评估理论与方法要采用多源数据的评估方法。除了教师的评估，还可以结合同行评价、学生自评等多个角度的数据，形成全方位的评估。这有助于提高评估的客观性和准确性，为学生提供更全面的发展建议。

在实际操作中，可以采用学生作品展示、实际项目演示、职业技能竞赛等形式，结合在线平台和虚拟仿真技术，构建更完善的评估体系。这种多元化的评估方法有助于更准确地反映学生在职业教育智慧教学中的综合能力和发展水平。

评估框架和教学评估理论与方法在职业教育智慧教学中至关重要。全面考虑学科知识、实际操作能力、职业素养等多个方面的因素，结合实际职业需求，注重学生的自主学习和实践能力，采用多元化、实时性和反馈性的评估手段，可以更好地保障教学质量，促使学生在职业领域中具备更为全面和实用的能力。

四、评估工具与数据分析

在职业教育智慧教学中，教学评估实践与创新涉及对先进的评估工具和数据分析技术的运用。

职业教育智慧教学中的评估工具包括多种技术支持的手段。一项创新的实践是引入在线学习平台的分析工具。这些工具能够追踪学生的学习活动、参与度、表现等数据，为教育者提供了实时、客观的学生学习信息。通过在线学习平台，教育者可以获得学生在不同知识领域的学习水平、问题的理解程度及参与项目的深度方面的信息，为个性化教学提供有力的依据。

在职业教育智慧教学中，数据分析可以应用于多个层面。通过大数据分析，挖掘学生的学科偏好、学习风格等信息，为制订个性化的学习计划提供支持。对学生学习过程的细致分析，包括学习轨迹、学习时间、错误模式等，有助于发现学生的学科薄弱点和强项，为有针对性的辅导提供依据。

在实践中，项目评估是职业教育智慧教学中的一种创新的教学评估方法。通过结合项目式学习和在线平台的评估工具，教育者可以更全面地了解学生在实际项目中的表现。项目评估旨在考查学生的实际工作能力、团队协作和解决问题的能力。教育者可以通过对学生在项目中的贡献、合作效果等方面的数据进行分析，为学生提供更有针对性的职业发展建议。

另一项创新实践是引入自评和同伴评价机制。通过在线平台，学生可以对自己的学习过程进行反思和评价，也可以接受同伴的建议和评价。这样的机制有助于培养学生的自我管理和团队协作能力，深化学生对自身学业表现的认知。同时，教育者可以通过分析学生的自评和同伴评价数据，更深入地了解学生对自己学业发展的认知和期望。

智慧教学环境下的教学评估应注重对学生参与度和反馈的收集。通过在线平台的参与度数据，教育者可以了解学生在不同学科领域的兴趣程度、学习动机等信息，为激发学生的学习兴趣提供依据。定期收集学生的反馈，包括对教学内容、教学方法的意见和建议，有助于发现教学过程中的问题，并及时进行调整和改进。

职业教育智慧教学中的教学评估实践与创新需要利用先进的评估工具，包括在线学习平台的分析工具、大数据分析技术等，结合项目评估、自评和同伴评价等创新方法，全面了解学生的学习状况和发展需求。通过数据驱动的教学评估，更好地实现个性化教学，增强学生的学习效果和职业发展能力。

五、未来趋势与教学评估的创新

在职业教育智慧教学中，教学评估作为教育过程中的关键环节，呈现出多方面的发展趋势。

未来趋势之一是教学评估的数字化和个性化。随着技术的不断发展，数字化工具和大数据分析技术的引入，教学评估变得更为全面和准确。通过学习管理系统和在线学习平台，教育者能够收集和分析学生的学习数据，从而更好地了解他们的学习习惯、进度和需求，为个性化的教学提供支持。

教学评估逐渐趋向于注重实际应用和培养综合素养。传统的教学评估主要侧重对知识的掌握，未来趋势更加强调学生在真实职业场景中的应用能力。通过引入项目实践、实习经验等形式，教学评估将更加关注学生解决实际问题和应对职业挑战的能力，促使学生在学习中更具实际价值。

教学评估将更加注重终身学习的理念。随着社会的快速变化和职业需求的不断变化，终身学习成为一个必然的趋势。教学评估需要更注重培养学生的学习能力、自主学习能力和不断适应新知识的能力，而不仅是短期内的知识获取。

教学评估将更加突出跨学科的综合评估。职业领域的发展通常需要学生具备多学科的知识和技能。教学评估将强调学生能否在不同学科领域进行综合应用，培养学生多维度的综合素养。

在实践层面，教学评估的创新实践将通过引入更多的项目作业、实际案例研究和团队合作等形式，以促使学生更加全面地理解和应用所学知识。同时，评估工具的创新包括利用虚拟现实和增强现实技术，为学生带来更真实、沉浸式的学习和评估体验。

职业教育智慧教学中的教学评估正朝着数字化、个性化、实际应用和综合素养培养等方向不断发展。这一发展趋势能够更好地满足未来社会对人才的需求，培养具备创新能力、实践能力和适应能力的职业人才。

第二节 学习成效与绩效评估

一、学习成效评估的概念与作用

学习成效评估是一种系统性的过程，通过对学生学习过程和学习结果的评估，衡量教学的有效性和学生的学习成果。这一过程不仅在职业教育中具有重要意义，更在智慧教学环境中的应用显得尤为关键。

学习成效评估在于通过一系列的方法和工具，全面地了解学生在学习过程中的表现和取得的成果，不仅包括知识的掌握，还包括实际操作，技能、解决问题的能力、创新思维等多个方面。评估的目的在于为教学和学习提供有针对性的信息，以便进行及时调整和改进。

学习成效评估在职业教育智慧教学中具有至关重要的地位，能够帮助教育者更好地了解学生的学习状况，从而调整教学策略和方法，提高教学的针对性和实效性。通过评估学生的学习成果，教育者可以更有针对性地为学生提供个性化的支持和指导，使其更好地满足未来职业发展需求。

学习成效评估有助于建立质量保障体系。通过持续的评估过程，教育机构可以更好地了解教学过程和学生学习成果的质量，有助于机构及时发现问题、改进教学方案，从而保障教育质量。质量保障体系的建立不仅有益于学生的个体发展，还有助于提升整个职业教育系统的水平。

学习成效评估是教学研究和改进的基础。通过对学生学习过程的深入评估，教育者能够更全面地了解教学过程中可能存在的问题和瓶颈。这为教育研究提供了丰富的佐证，有助于发展更科学、更有效的教育理论和方法。

在职业教育智慧教学中，学习成效评估的理论与方法应当充分融合先进的技术手段。智慧教学系统可以通过数据分析、人工智能等技术手段，实时监测学生的学习过程，收集大量的学习数据。这些数据可以用于深度分析学生的学习路径、难点和优势，从而更全面地评估学生的学习成效。

智慧教学系统可以利用虚拟实境、模拟实践等技术手段，更直观地评估学生的实际操作技能。通过在虚拟环境中进行模拟实践，更真实地反映学生在实际职业场景中的表现，从而更全面地评估其实际应用能力。

学习成效评估在职业教育智慧教学中具有重要的方法论意义。它不仅有助于教育者更好地了解学生的学习情况，增强教学效果，还有助于建立质量保障体系，推动教学改革和研究。在智慧教学环境下，充分整合先进的技术手段，将学习成效评估更全面、深入地融入教育实践，将对职业教育的质量提升产生积极影响。

二、学习成效评估的框架与模型

在职业教育智慧教学中，学习成效评估是一个关键的理论和方法。学习成效评估的理论与方法需要深入考虑学生在职业教育过程中所获得的知识、技能和能力，并通过合理的评估模型进行全面而客观的评估。

学习成效评估的理论应该建立在清晰的学习目标基础上。理论模型应明确规定学生在课程结束时应该达到的期望成效，这有助于评估过程的有效性和学生的学习成果。理论模型应该结合职业教育的实际需求，确保评估目标与实际工作中所需的能力和技能相匹配。

评估模型应该注重多元化的评价手段。传统的考试和测验只能评估学生的书面表达和记忆能力，在职业教育中，实际操作能力和实践应用能力同样重要。评估模型应该包含多种评估手段，如项目作业、实际操作、综合案例分析等，以全面客观地评价学生的学习成效。

学习成效评估的方法应强调实用性和真实性。评估过程应该模拟真实的工作环境，以确保学生获得的技能和知识在实际工作中得以应用。通过项目实践和实际案例分析等方法，评估模型可以更真实地反映学生在职业领域中的潜力和表现。

　　评估模型应注重个性化的评价。不同学生具有不同的学习风格和发展潜力，评估模型应允许根据学生的个体差异进行灵活的评价。个性化的评价方法包括但不限于学习反馈、自我评估、同行评价等，可以更好地激发学生的学习动力和自我发展潜力。

　　学习成效评估需要注重定期和持续的评价。随着职业领域的不断发展和变化，学生的能力和知识水平也随之变化。评估模型应该设计为定期进行，以确保学生的学习成效随着时间的推移得到全面的评估。

　　职业教育智慧教学中的学习成效评估理论与方法应当建立在明确的学习目标、多元化的评价手段、实用性和真实性的基础上。通过灵活而全面的评估模型，更好地确保学生在职业教育过程中获得的知识、技能和能力符合实际工作的要求，为其未来的职业发展奠定坚实的基础。

　　职业教育智慧教学中学习成效评估的框架是一个基于理论和方法的系统性结构，旨在评估学生在学习过程中所取得的成效。这一框架的设计旨在深刻理解学生在不同学科和专业中的知识掌握、实际应用能力及综合素养，为教学改进和学生的个性化学习提供支持。

　　学习成效评估的框架应建立在多维度的基础上，充分考虑学科知识、实际技能和综合素养等方面。这种维度的设计可以更全面地了解学生的学习情况，使评估更加准确和有针对性。

　　在框架的理论基础上，应融入认知理论和建构主义理论等教育理论。认知理论强调学生的思维和知觉过程，建构主义理论强调学生通过与环境的互动构建知识。结合这两个理论，更好地理解学生的学习过程，为评估提供更为深刻的理论支持。

　　框架的方法应包括多样化的评估工具和手段。除了传统的笔试和口试，还可以引入项目作业、实习经验、综合案例分析等实践性评估方法。这样的多元化方法可以更全面地评估学生的实际应用能力和综合素养。

　　学习成效评估框架的设计需要考虑个性化学习的原则。通过引入智能推荐系统和个性化学习路径的设计，更好地满足不同学生的学习需求，提高评估的个性化和针对性。

　　学习成效评估框架的设计应关注学生的学习过程，而非仅关注结果。可以引入实时监测和反馈机制及学习管理系统中的数据分析功能，及时了解学生的学习动态，为教学调整提供依据。

学习成效评估框架应注重对社交学习的考量。引入学生互评、小组协作项目等社交学习工具，可以更好地评估学生在团队协作、沟通交流方面的表现，使学生在实际职场中更好地适应社会环境。

在实际操作层面，学习成效评估框架的建立需要教育者和相关专业人员的共同努力。他们需要深入研究不同学科领域的特点，结合实际教学需求，不断优化和完善框架的设计。

职业教育智慧教学中的学习成效评估框架是一个复杂而系统的设计，需要综合考虑教育理论、多维度评估、个性化学习及实际操作等多个因素。只有在这些方面取得平衡，才能更好地服务于学生的学习发展，推动职业教育的不断创新。

三、绩效评估工具与数据分析

在职业教育智慧教学中，绩效评估工具和数据分析成为提高教学质量和学生学习成果的关键要素。通过创新绩效评估实践和高效的数据分析方法，更全面地了解教学效果，提供有针对性的改进方案，满足职业教育不断发展的需求。

绩效评估工具的创新包括多个方面。利用智能化技术，开发适应多样性学习路径和个性化需求的评估工具。这些工具可以实时监测学生的学习过程，根据个体学生的表现提供实时反馈，以更好地了解学生在不同方面的优势和不足。采用虚拟实境技术，设计模拟实践的评估场景，使学生在虚拟环境中进行实际操作的模拟，以更准确地评估他们的实际应用能力。

数据分析在绩效评估中的创新主要体现在更深层次的挖掘和运用方面。通过引入大数据分析技术，系统能够收集并处理大量的学习数据，从中挖掘隐藏的规律和趋势。例如，通过分析学生的学习路径和行为模式，系统可以为教师提供更详细的学情报告，以便教师调整教学策略。同时，数据分析可以用于评估教学资源的使用情况，优化课程设置和教材编写，以提高教学质量。

在实践中，绩效评估不仅需要考虑学生的表现，还需要考虑教师的教学效果。为此，可以引入360°评估的方法，让学生、同事和学校领导对教师的教学质量进行全方位评价。这种全面的评估方法有助于更客观地了解教师的教学水平，为其提供有针对性的专业发展支持。

社交网络分析是一种创新的数据分析手段。通过分析学生在虚拟学习社区中的互动关系，了解学生的学习网络结构，识别学科领域的专家和学习领导者，进而促进合作和知识分享。这种社交网络分析有助于培养学生的团队协作和社会交往能力，提高他们在职业领域的竞争力。

智慧教学环境下的绩效评估工具和数据分析的实践与创新对职业教育的发展起着重要作用。创新的评估工具和高效的数据分析方法不仅能更全面地了解学生和教师的表现，还能为教学质量的提升提供科学依据。综合运用多种技术手段，构建全方位、多层次的评估体系，可以更好地满足职业教育的复杂和多样性需求，推动职业教育进入更加智慧化、创新化的新时代。

四、绩效评估的创新

在职业教育智慧教学中，绩效评估实践正面临日益复杂和多变的挑战，也面临着前所未有的创新机遇。绩效评估的发展将呈现出几个显著的趋势。

绩效评估将更加注重全面素质的评估。传统绩效评估主要关注学生在学科知识上的表现，未来趋势将更强调学生的综合素质和跨学科能力。评估模型将更加细致地考查学生的创造力、沟通能力、团队协作等方面的表现，全面地了解学生在实际工作环境中的潜力和适应能力。

绩效评估将更加注重实际应用和实践经验。随着职业教育的目标向培养学生实际操作能力和解决实际问题能力的转变，绩效评估将更注重学生在实际工作中的应用情况。通过项目作业、实际案例分析等方式，评估将更贴近实际职场需求，真实地反映学生的实际表现。

绩效评估将更加个性化和差异化。每个学生的学习风格和发展潜力都不同，评估模型将更灵活地考虑个体差异。个性化评估方法，如学习反馈、自我评估等，将更为广泛地应用，以更好地发现和激发学生的潜力，为其提供个性化的学习支持。

绩效评估将更注重技术创新的应用。随着信息技术的不断发展，虚拟现实、大数据分析等先进技术将被引入绩效评估。虚拟实验室和模拟软件可以提供更真实的实践场景，大数据分析可以更精确地评估学生的学习过程和表现。这些技术的创新应用将为绩效评估提供更多元化和科技化的手段。

绩效评估将更强调对社交能力和团队合作能力的考查。在职业领域中，团队协作和社交能力至关重要。评估模型将更注重学生在协作项目中的表现，包括沟通能力、团队协作能力等。这有助于学生在职场中更好地满足团队工作的需求。

绩效评估将走向全面素质、实际应用、个性化、技术创新和社交团队合作。这种创新实践将更好地服务于职业教育的目标，为学生的全面发展提供更准确、有针对性的评价和支持。

第三节　教育研究方法

一、教育研究方法的概念与分类

教育研究方法是一系列用于收集、分析和解释教育现象的系统化手段和策略。这些方法在职业教育智慧教学中的应用为深入了解学习过程、增强教学效果及推动教育创新提供了基础和支持。

基础性的教育研究方法包括定性研究和定量研究。定性研究强调对现象的深度理解，通常通过观察、访谈和文本分析等方法收集非数值型的数据。定量研究注重量化数据，通过实验、调查和统计分析等手段获取数值型的数据。这两者的结合应用能够在职业教育中全面地了解学生需求、教学环境和教学效果。

147

行动研究是一种强调教育者主动参与并反思实践的研究方法。在职业教育智慧教学中，应用行动研究意味着教育者在实际教学中进行小规模的实验性改变，并通过观察、反馈和自我评价等方式不断调整和改进教学策略，实现教育的不断优化。

案例研究是一种深入研究特定个案的方法，通过对个案的详细描述和分析，揭示其中的特征和模式。在职业教育中，案例研究可以应用于分析成功的教学实践、解决特定的教育问题及深入理解学生的个体差异。

实验研究是通过控制和操纵变量，以验证因果关系的方法。在职业教育中，可以通过实验设计来测试不同教学方法对学生学习成效的影响及评估教育创新的实际效果。

问卷调查是收集大量数据的一种常见方法，通过设计合适的问卷并向受访者发放，收集关于学生、教育者、教学环境等多个方面的信息。在职业教育中，问卷调查可以用于了解关于学生满意度、需求和教学改进等方面的建议。

社会网络分析是一种通过研究人际关系和信息流动的方式来分析教育网络结构的方法。在职业教育中，社会网络分析可以帮助理解学生之间的交流和合作关系，为构建更有效的学习社群提供指导。

混合研究是一种整合定性和定量方法的研究设计。在职业教育中，混合研究可以通过多种角度和手段收集数据，使研究更加全面、深入，为教学改进提供多维度的信息。

职业教育智慧教学中的教育研究方法应当根据具体的研究目的和问题选择合适的方法，充分发挥各种方法的优势，以推动职业教育的发展和创新。

二、研究方法在职业教育智慧教学中的应用

在职业教育智慧教学中，研究方法的应用是不可或缺的，它为提升教学质量、促进学生发展、推动智慧教学的创新提供了重要支持。

学习分析的数据驱动。在教学职业教育智慧教学中广泛应用学习分析，通过对学生在学习管理系统中的行为和成绩数据进行分析，洞察学

生的学习习惯、弱势领域和潜在需求。教育者可以根据这些数据，实现精准的个性化指导，调整教学策略，增强学生的学习效果。在学习分析的实践中不断积累的数据也为教育研究提供了宝贵的素材。

行动研究的实践性改进。在智慧教学中，行动研究得到广泛应用。教育者通过实地观察、小规模实验和反思实践，不断调整教学方法和课程设计，以优化学习体验。这种基于实践的研究方法能够使教育者更加贴近学生实际的学习需求，以实现灵活、实时的教学创新。

综合研究的多元数据视角。职业教育智慧教学中的综合研究强调定性和定量方法的结合，以多元的数据视角全面理解教学过程和学生的学习情况。通过整合来自问卷调查、学习分析、案例研究等多源数据，更深入地挖掘教学中的问题、发现新的规律，为制定更全面的教育策略提供支持。

社会网络分析的合作学习支持。在智慧教学中，社会网络分析被应用于揭示学生之间的交流与合作关系。这种方法不仅可以帮助教育者理解学生在协作学习中的角色和影响力，还可以发现学习社群中的潜在问题和机会。通过社会网络分析，为创建更有利于学生合作学习的环境提供指导，促进学生之间的互动和团队协作。

实验研究的教学效果验证。在职业教育智慧教学中，实验研究用于验证不同教学方法、工具或平台的效果。通过设计实验、对比实验组和对照实验组，量化不同教学策略对学生成绩、学习体验的影响。这种实验性的研究有助于教育者更科学地选择和优化教学手段，推动智慧教学的进一步发展。

混合研究的综合优势。在职业教育智慧教学中，混合研究方法得到广泛应用，将定性和定量研究相结合，以获取更全面的研究结果。这种方法不仅能够使研究更具深度和广度，还能够弥补定性和定量研究各自的不足，为更全面的教育改进提供决策支持。

三、职业教育智慧教学的实证研究

在职业教育智慧教学领域，实证研究是为了验证和证实理论、方法或策略的实际效果和成果。通过对职业教育智慧教学的实证研究，更深入地了解其应用效果、解决问题的实际效果，并在研究应用与前沿探讨中寻找新的方向。

职业教育智慧教学的实证研究主要体现在对教学方法和智慧教学系统效果的实际验证。研究者可以通过实地观察、问卷调查等方式，对教师在智慧教学环境下的教学方法进行实证研究，验证其在学生学习成果和教学满意度方面的实际效果。可以通过分析学生在智慧教学系统中的学习数据，验证智慧教学系统对学生成绩、学科兴趣等方面的影响。

实证研究的应用主要集中在解决实际教学问题和提升教学质量等方面。通过实证研究，验证不同教学方法的优劣，找到更适合职业教育智慧教学环境的教学策略。同时，对智慧教学系统的实证研究有助于了解该系统对学生学习行为的影响，优化系统的设计和功能，提高系统的适用性。

实证研究可以帮助挖掘职业教育智慧教学的潜在问题，指明方向。通过对实际效果的验证，研究者可以发现存在的问题和不足，为今后的研究指明改进的方向。同时，实证研究有助于发现新的研究领域，例如在个性化学习、虚拟实境技术等方面的研究应用，推动职业教育智慧教学不断向前发展。

实证研究的前沿探讨包括跨学科研究和创新方法的引入。通过与其他学科领域的合作，如心理学、人机交互等，更全面地了解职业教育智慧教学的影响因素。同时，引入新的研究方法，如深度学习、大数据分析等，有助于更深入地挖掘教学数据的内在规律，拓展研究的深度和广度。

职业教育智慧教学的实证研究既涉及教学方法的验证，又包括对智慧教学系统效果的验证。在应用方面，实证研究有助于解决实际教学问题，提升教学质量。在研究应用与前沿探讨中，实证研究不仅可以指明研究方向，还可以推动跨学科研究和引入创新方法，推动职业教育智慧教学的不断发展。

第四节　成效研究与改进策略

一、成效评估的基本概念

智慧教学成效评估是对职业教育中智慧教学方法实施效果的研究和评价。该领域关注教学利用先进技术和数据分析手段的效果，以便更好地了解学生的学习表现、教学的质量及教学方法的有效性。智慧教学成效研究的基本概念包括以下几个方面。

关注学生学习表现。这不仅包括学科知识的掌握程度，还包括实际应用能力、创造性思维、团队协作等综合素质。评估学生的学习表现旨在揭示智慧教学方法对学生综合素质的影响，进而帮助教育者优化教学设计和内容。

关注教学质量。通过监测学生的学习表现，研究者能够评估教学过程中的有效性和质量，包括教学方法的适应性、教材的实用性、教学策略的灵活性等方面。教学质量的评估有助于发现教学中的问题，并为进一步改进提供依据。

关注教学方法的有效性。该领域研究如何利用智慧教学手段，如虚拟现实、在线学习平台、人工智能等，增强学生的学习效果。通过评估这些技术在教学中的应用，研究者可以为教育决策者提供科学的建议，促进更有效的教学方法的推广和应用。

强调数据分析的重要性。通过收集和分析大量的学习数据，研究者可以深入了解学生学习的特点、趋势和问题。数据分析可以用于发现潜在的学科困难点、识别学生的学习偏好，为个性化教学提供支持，进一步增强教学效果。

强调连续改进。评估过程不仅是为了总结教学成果，更是为了发现问题、改进方法。通过不断收集反馈信息，进行数据分析，教育者可以及时调整教学设计和策略，实现教学过程的不断优化。

智慧教学成效评估是一个全面考查教学效果的过程，包括学生学习表现、教学质量、教学方法的有效性等多个方面。通过深入研究和评价，智慧教学成效评估为提高职业教育质量和增强教学效果提供了有力支持。

二、评估模型

评估模型在职业教育智慧教学的研究中发挥着重要作用。这一模型不仅能够全面评估教育的有效性，还能够为职业教育智慧教学的成效研究提供有力支持。在这一背景下，研究者需要借鉴和构建多层次、多因素的评估模型，以全面了解教学过程和学习成果。

评估模型应注重学习成果的评价，包括学生在知识掌握、实际操作能力和解决问题能力等方面的表现。通过对学生学科成绩、实际操作表现和项目成果等进行深入分析，评估模型可以为职业教育智慧教学的成效提供直观而具体的指标，为教学改进提供科学依据。

评估模型应考虑教学过程的质量和效果。这需要关注教学方法、教学资源利用、个性化学习的实施等因素。通过对教师和学生的反馈、教学资源使用情况的调查，以及教学活动的实地观察，评估模型可以更全面地了解职业教育智慧教学的实施情况，为教学改进提供有针对性的建议。

在职业教育智慧教学的成效研究中，评估模型应关注个性化学习的效果，包括系统提供的个性化学习路径和资源推荐对学生学业成果的影响。通过考查学生在个性化学习中的参与度和效果，评估模型能够为智慧教学系统的改进提供实证支持。

评估模型应纳入对实际操作能力的评估。通过模拟实践和虚拟实境技术，评估模型可以深入了解学生在职业教育智慧教学中的实际操作水平。这有助于评估系统对学生实际应用能力的培养效果，为实现职业教育的目标提供具体的数据支持。

在职业教育智慧教学的成效研究中，评估模型应考虑社交互动和合作的因素。通过分析学生在虚拟学习社区中的互动情况，以及他们在团队合作项目中的表现，评估模型可以为培养学生的团队协作和社会交往能力提供评估依据。

评估模型需要关注对跨学科综合素养的培养，包括学生在不同学科领域的知识、解决问题的能力、创新思维等方面的发展。通过多角度、全方位的评估指标，评估模型能够更好地把握学生的全面素养，为实现职业教育的综合培养目标提供支持。

职业教育智慧教学的成效研究需要构建综合而多元的评估模型。这一模型应涵盖学习成果、教学过程、个性化学习效果、实际操作能力、社交互动和合作、跨学科综合素养等多个方面。通过全方位的评估，研究者能够更深入地了解职业教育智慧教学的实际效果，为未来的教学改进和研究提供科学依据。

三、职业教育智慧教学中的成效评估指标

职业教育智慧教学的成效评估是为了全面了解教学过程和学习成果，为教育改进和决策提供科学依据。在职业教育智慧教学中，成效评估指标应当涵盖多个方面，以确保对教育过程和学生学业成果的全面把握。

学习成果是职业教育智慧教学成效评估的核心。学生的知识掌握、实际操作能力和解决问题的能力是评估的关键指标。通过考查学生的学业成绩、实际操作表现及项目成果等方面，客观地了解智慧教学对学生学业的实际影响。

教学满意度是另一个重要的评估指标。学生和教师的满意度反映了对智慧教学的接受程度和认可程度。通过调查问卷、访谈等方式，获取学生和教师对智慧教学的态度和反馈等相关信息，了解教学过程中存在的问题并找到改进的方向。

实际操作能力的提升是职业教育的一个重要目标。评估指标应当包括学生在实际职业场景中的表现。模拟实践和虚拟实境技术可以评估学生在智慧教学环境下实际操作的能力，为他们的职业发展提供有力支持。

个性化学习效果也是成效评估的重要方面。智慧教学系统通过分析

学生的学习数据，为其提供个性化的学习路径和资源推荐。评估指标应当包括学生在个性化学习中的参与度和学习效果。这有助于了解系统对不同学生群体的适应性和个性化服务效果。

对教学资源的合理利用也是成效评估的一项重要指标。智慧教学系统整合了多种教学资源，包括文字、图片、视频等。评估指标应当考查教师和学生对这些资源的利用情况，以及教学资源的多样性和质量，确保其对教学的有效支持。

职业教育智慧教学成效研究需要考虑学生的跨学科综合素养。评估指标应当覆盖学生在不同学科领域的学科知识、解决实际问题的能力、创新思维等方面。这有助于培养学生更全面的职业素养，提高其在实际工作中的适应性。

社交互动和合作是职业教育智慧教学中不可忽视的成效指标。分析学生在虚拟学习社区中的互动情况，可以了解学生的社交能力和合作意愿，为他们在团队工作和实际职业场景中的表现提供参考。

职业教育智慧教学成效评估的指标应当涵盖学习成果、教学满意度、实际操作能力、个性化学习效果、教学资源利用、跨学科综合素养和社交互动等多个方面。多维度的评估可以更全面地了解智慧教学的实际效果，为教学改进和未来发展提供科学依据。

四、改进策略的理论基础

职业教育智慧教学改进策略的理论基础涵盖多个关键领域，这些理论为教育者提供了指导原则和深刻见解，促使他们更好地运用智慧教学方法进行改进。以下是相关理论基础的论述。

认知理论是智慧教学改进的重要理论基础之一。该理论强调学生通过构建知识的过程来学习，强调主动学习和思维过程的重要性。在智慧教学中，理解学生的认知过程，关注他们的思维方式和学习策略，有助于设计更有效的教学方法。通过利用虚拟实境、交互式学习等智慧教学工具，教育者可以更好地激发学生的认知兴趣，增强他们的学习效果。

构建主义理论是另一个支持智慧教学改进策略的理论基础。该理论认为学习是一个主动构建的过程，通过学生与环境互动，构建新知识。

在智慧教学中，利用虚拟实境、模拟软件等工具，可以为学生带来更贴近实际工作环境的学习体验，使他们更积极地参与学习，主动构建知识。

社会认知理论强调学习是社会性的，个体学习是在社交互动中发生的。在智慧教学中，通过在线协作平台、社交媒体等工具，教育者可以促进学生之间的互动和合作，模拟实际工作中的团队合作环境，培养学生的社交技能和团队协作能力。

可操作性理论为智慧教学改进策略提供了重要指导。该理论强调教学的可操作性，即教育者可以通过实际行动完善教学过程。在智慧教学中，通过持续的反馈机制、数据分析工具等，教育者可以及时了解学生的学习情况，有针对性地调整教学策略，实现教学的灵活性和可调控性。

创新理论是支持智慧教学改进的另一重要理论基础。该理论强调在教育领域引入新技术和方法的重要性，以促使教学不断创新和发展。智慧教学通过整合虚拟现实、人工智能等先进技术，为教育提供全新的可能，有助于增强学生的学习体验和学习成效。

职业教育智慧教学改进策略的理论基础涵盖认知理论、构建主义理论、社会认知理论、可操作性理论和创新理论等多个方面。这些理论为教育者提供了深刻的理解和指导，帮助他们更科学、有效地应用智慧教学方法，不断改进教学策略，提高教学质量。

五、改进策略的实施

职业教育是培养学生实际技能和专业知识的关键环节，智慧教学改进策略在这一领域的实施，为增强教学效果和培养更加适应市场需求的人才提供了有力支持。

个性化学习路径的设计是智慧教学的核心。通过分析学生的学科兴趣、学习习惯和潜在潜能，教育者能够为每个学生制定独特的学习路径，使其更适应个体差异。这种个性化的教学模式有助于激发学生学习的主动性和积极性，使他们在学习中更具动力和目标感。

基于大数据分析的预测性教学策略为教育者提供了更深层次的观

察。通过收集和分析学生的学习数据，发现他们的学科偏好、知识掌握程度和潜在学习障碍。基于这些数据，教育者可以提前预测学生可能面临的问题，并采取相应的干预措施，使教学更具针对性和灵活性。

在智慧教学的框架下，教育者还能够充分利用虚拟现实和增强现实技术，增强实践性教学的效果。通过模拟实际工作场景，学生能够在虚拟环境中进行真实感十足的实践操作，从而更好地培养实际技能。这种沉浸式的学习体验能将理论知识与实际操作相结合，提高学生的综合素质和解决问题的能力。

智慧教学强调教学过程中的互动性和合作性。通过在线平台和社交媒体工具，学生能够更方便地进行跨时空的学习交流，共同解决问题，共享经验。这种强调互动和合作的教学模式有助于培养学生的团队协作能力和沟通技巧，更好地满足未来职业发展中的团队合作需求。

职业教育中智慧教学改进策略的实施，不仅能够更好地满足学生的性差异需求，增强学习效果，还能通过大数据分析、虚拟现实等技术手段为教学提供更全面的支持。这种教学模式强调互动性和实践性，有助于培养学生更好地适应未来职业发展。

第八章　职业教育智慧教学的跨学科应用

第一节　职业教育智慧教学与STEM教育

一、STEM教育理论的基本原则

STEM教育理论的基本原则在于强调跨学科、实践性、探究性和合作性。STEM教育理论倡导将科学、技术、工程和数学融合在一起，通过跨学科的方式推动学科知识的整合。这一理论认为，科学、技术、工程和数学并非独立存在的，而是相互联系、相互渗透的。通过跨学科的教学方式，学生可以全面地理解这些学科之间的关系，培养综合思维能力。

STEM教育理论注重实践性学习，强调学生通过实际操作和实验来获得知识和技能。实践性学习不仅包括在实验室中进行科学实验，还包括在工程项目中设计和制作产品、在数学建模中解决实际问题等。通过实践性学习，学生能够将抽象的理论知识转化为实际能力，增强他们的动手能力和解决问题的能力。

STEM教育理论的第三个基本原则是探究性学习。它强调学生通过提出问题、进行实地考察和研究，主动参与知识的构建过程。通过探究性学习，学生能够培养自主学习的能力，不是被动接受知识，而是主动探索和发现新的知识。

STEM教育理论倡导合作性学习。合作性学习强调学生在团队中共同

157

协作，共同解决问题。这不仅能够培养学生的团队协作和沟通能力，还能够模拟实际工作的合作环境。通过与同学互动，学生能够从不同的角度看待问题，共同寻找解决方案，培养团队精神。

STEM教育理论注重与现实生活的联系。该理论认为，教育应该与学生的实际生活和社会问题相联系，使学生将学到的知识应用于实际情境。通过与现实的连接，培养学生解决实际问题的能力，他们的学习能够更加具有针对性和有意义。

STEM教育理论强调培养学生的创新能力。它认为，学生应该具备创造性思维，能够独立思考和解决问题。通过跨学科、实践性、探究性和合作性学习，学生能够培养创新精神，成为具有创新力的未来人才。

二、STEM教育框架在职业教育智慧教学设计中的应用

STEM教育框架在职业教育智慧教学设计中的应用是推动学生全面发展和满足未来职业需求的重要途径。该框架融合了科学（Science）、技术（Technology）、工程（Engineering）和数学（Mathematics）等学科，强调跨学科学习和解决实际问题，为职业教育提供了新的理念和方法。

STEM框架注重解决实际问题。在职业教育中，学生需要具备实际应用的技能和知识。将STEM教育框架引入智慧教学设计，教育者可以通过模拟实验、项目作业等方式，让学生面对真实世界的问题，提高他们解决实际问题的能力，培养其实践操作技能。

STEM框架促进跨学科学习。在STEM框架中，不同学科之间的边界被打破，学生可以在综合的学科环境中进行学习。在职业教育智慧教学中，通过整合相关学科知识，例如将工程设计与数学原理相结合，学生可以更全面地理解问题，并提高综合运用知识的能力。

STEM框架强调实践和实验。在职业教育中，学生需要具备实际的技术和操作能力。采用STEM教育框架，可以通过虚拟实境、模拟实验等方式，提供更真实、可操作的学习体验，帮助学生更好地掌握实际应用的技能。

STEM框架注重团队合作和沟通技能。在职业领域中，团队协作和有

效沟通是至关重要的能力。在STEM框架下设计的项目和任务，需要学生通过合作完成，培养了学生了解和尊重团队成员的能力，同时提高了他们沟通协作的技能。

STEM框架的应用有助于培养创新思维。在STEM教育中，学生被鼓励提出问题、寻找解决方案，并不断尝试和改进。在职业教育智慧教学中，引导学生在实际问题中进行创新设计和解决方案，有助于激发学生的创新意识，培养他们面对未知情境时的适应力和创造力。

将STEM教育框架融入职业教育智慧教学设计，有助于培养学生更全面的能力，提高他们的实际操作技能和解决问题的能力。这种跨学科、实践导向的教学设计能够更好地满足未来职业的需求，使学生更好地适应并融入不断发展的职业领域。

三、STEM教育方法在职业教育智慧教学中的应用

STEM教育方法在职业教育智慧教学中的应用是一种深刻的变革，其核心在于将科学、技术、工程和数学的学科知识融入实际职业培训。这种方法强调跨学科学习，注重理论知识与实际应用的结合，给学生带来更为贴近职业需求的培训体验。

STEM教育方法的一大特点是强调问题解决与实践应用。在职业教育中，这种方法可以使学生更加深入地理解专业知识，并将其运用于实际工作场景。通过项目式学习和实际案例研究，学生能够培养解决实际问题的能力，更好地适应未来职业的复杂性和变化性。

STEM教育方法的另一个重要的方面是强调团队协作。在职业教育中，学生往往需要与不同背景和专业领域的人合作，共同解决复杂的问题。通过STEM教育方法，学生在学习中培养了良好的团队协作能力，更好地满足职业环境中的协同工作需求。

STEM教育方法注重理论知识与实践技能的有机结合。在职业教育中，学生不仅要掌握理论知识，还要具备实际操作的能力。通过STEM教育方法，学生能够在实践中巩固所学的理论知识，提高实际应用能力，为职业发展奠定坚实基础。

在智慧教学的框架下，STEM教育方法得以更好地应用。智慧教学利

用先进的技术手段，通过大数据分析学生的学科偏好和学习习惯，为其提供个性化的学习路径。这使得STEM教育方法更具灵活性，能够更好地满足不同学生的学习需求。

虚拟现实和增强现实技术在STEM教育方法中的应用，为职业教育带来了新的可能。通过这些技术，学生可以在虚拟环境中进行实际操作，模拟真实工作场景。这种沉浸式的学习体验不仅能够帮助学生更好地理解理论知识，还能够培养实际操作的技能，提高职业素养。

STEM教育方法强调学生的自主学习和探究精神。在职业教育中，学生往往需要具备不断学习和适应新技术的能力。STEM教育方法通过激发学生的学习兴趣和主动性，培养了他们不断追求知识的动力，他们能够更好地适应职业发展的变化。

STEM教育方法在职业教育智慧教学中的应用，不仅拓宽了学科知识的深度和广度，更培养了学生在解决实际问题、团队协作、实践操作等方面的综合能力。智慧教学技术的运用为其提供了更为灵活和个性化的教育支持，共同构建了一个更为满足未来职业发展需求的学习体系。

四、利用STEM教育资源进行职业教育智慧教学

STEM教育资源的充分利用是实施职业教育智慧教学的关键。这种教学模式将科学、技术、工程和数学的元素融合在一起，通过综合性的学科知识培养学生的跨学科思维、实践能力和解决问题的能力。在职业教育智慧教学中，充分利用STEM教育资源有助于拓宽学生的视野，提升他们的综合素养和满足未来职业需求的能力。

STEM教育资源可以为职业教育智慧教学提供丰富的实践机会。通过实验室设施、技术设备及工程项目，学生能够在实际操作中应用所学的科学、技术、工程和数学知识。这样的实践性学习不仅能够加深学生对理论知识的理解，还能够培养他们的实际操作能力，为将来从事相供职业提供有力支持。

STEM教育资源可以促进学科知识的跨学科整合。在STEM教育中，学生不仅要学习单一学科的知识，还要将科学、技术、工程和数学的元素有机地结合在一起。在职业教育智慧教学中，通过将不同学科的知识

整合运用，学生能够更全面地应对职业领域中的问题和挑战。

STEM教育资源的利用有助于培养学生解决问题的能力。STEM教育强调学生通过探究和实践解决问题的方法。在职业教育智慧教学中，学生面临的问题往往需要综合运用多学科知识，通过STEM教育资源，学生能够锻炼解决问题的能力，培养创新思维。

STEM教育资源可以促进学生的团队协作和沟通能力。在STEM项目中，学生通常需要合作完成任务，共同解决问题。在职业教育智慧教学中，通过团队合作，学生不仅能够分享知识、协同工作，还能够培养团队协作和沟通的技能，提升他们在职业中的综合素养。

在职业教育智慧教学中，STEM教育资源的应用还可以拓宽学生的职业视野。通过参与STEM项目，学生可以更深入地了解不同行业的发展趋势、技术创新和未来职业需求。这有助于学生更好地规划自己的职业生涯，提前适应未来职业市场的变化。

STEM教育资源的应用能够培养学生的创新精神。STEM教育注重培养学生的创造力和创新思维，通过解决实际问题和参与创新项目，学生能够锻炼自己的创新能力，培养应对未知挑战的能力。

充分利用STEM教育资源对职业教育智慧教学的实施至关重要。这不仅能够提供实践机会、促进学科知识的跨学科整合，还能够培养学生解决问题、团队协作、沟通、创新等多方面的能力，为他们在未来职业中的成功奠定坚实的基础。

第二节　职业教育智慧教学与艺术教育

一、艺术教育与职业教育智慧教学的交叉领域

艺术教育与职业教育智慧教学的交叉领域呈现出一种独特而富有潜

力的结合，为学生提供了全面发展的机会。这一交叉领域将艺术的创造性和表现力与智慧教学的科技应用和实践性相结合，为学生带来更为综合和有趣的学习体验。

艺术教育在职业教育智慧教学中注重对创造性思维的培养。艺术教育强调学生的创造力和想象力，培养他们对问题的独特见解和解决方案的能力。在职业教育智慧教学中，引入艺术元素，如虚拟设计、数字媒体制作等，可以激发学生的创造性思维，使其更好地应对复杂的职业挑战。

艺术教育强调个体表达和沟通技能。在职业领域中，有效的沟通和表达能力是职业成功的关键因素。艺术教育通过培养学生的表达能力、情感沟通技巧等，帮助其在职业中更为自信和有效地表达。智慧教学技术的引入可以加强这一点，如通过虚拟演讲、在线展示等方式，提高学生在数字环境下的表达和沟通能力。

职业教育智慧教学注重实际技能和应用。通过智慧教学工具和技术，学生可以在模拟环境中进行实际操作，提高职业技能。艺术教育的引入可以为学生提供更具创造性和多元化的技能培养途径，例如数字设计、影视制作等，使他们在实际职场中更具竞争力。

艺术教育强调团队协作和项目管理。在职业教育中，团队协作和项目管理是重要的职业技能。引入艺术教育的元素，如戏剧表演、艺术创作项目等，可以培养学生的团队协作和项目管理技能，使他们更好地适应职业中的协同工作环境。

交叉领域注重培养学生的综合素养。通过融合艺术和智慧教学，学生不仅能够获得职业所需的技术和实际应用能力，还能够培养审美观和文化素养。这有助于塑造更为全面的人才，以适应不断变化的职业环境和多元化的社会。

艺术教育与职业教育智慧教学的交叉领域为学生带来更为丰富和综合的学习体验。这种结合既注重创造性思维和艺术表达，又关注实际技能和团队协作，有望培养更具创新力和适应力的职业人才。

二、职业教育智慧教学中融入艺术教育的理论框架

（一）艺术教育理论在教学设计中的应用

艺术教育理论在教学设计中的应用在职业教育智慧教学中具有深远的影响。这一融合结合了艺术的创造性和职业教育的实用性，为培养具备创新思维和实际技能的专业人才提供了新的范式。

艺术教育理论的核心在于激发学生的创造力，培养其审美意识。在职业教育智慧教学中，这种理论注重学生个体的独特性，促使其在学习过程中发现和发展自身的才能。这样的教学设计使学生更具有独立思考和创新的能力，更好地适应职业领域的复杂和变化。

艺术教育理论倡导的探究性学习方法，使学生通过实际操作和自主探索来获取知识。在职业教育中，这种方法可以更好地培养学生的实践操作能力。学生在参与实际项目和案例研究时，不仅能够掌握理论知识，还能够在实践中提高解决问题的能力，为将来职业实践打下坚实基础。

艺术教育理论注重情感体验和表达，学生能够更好地理解和感知世界。在职业教育智慧教学中，这种关注个体情感和表达的理念，促使学生更加深入地了解自己的职业兴趣和价值观。通过智慧教学技术的支持，教育者能够更好地了解学生的情感状态，有针对性地进行教学引导，帮助学生更好地融入职业领域。

艺术教育理论所强调的团队协作与交流，在职业教育中发挥着积极作用。通过项目合作和实践活动，学生能够更好地理解和尊重他人的意见，培养其团队协作的能力。这样的学习经验使学生更好地满足职业领域中的团队合作和沟通要求。

在智慧教学的框架下，艺术教育理论的应用能够更好地实现。通过大数据分析学生的学科偏好和学习习惯，教育者能够更好地设计个性化的学习路径，激发学生的学习兴趣。虚拟现实和增强现实技术的运用，使学生在艺术创作中更好地体验实际操作，培养实际技能。艺术教育理论在职业教育智慧教学中的应用，不仅强化了学生的创造性思维和实际

163

技能，也培养了学生的情感体验和团队协作能力。通过智慧教学技术的支持，这种理论的应用更具个性化和灵活性，为培养更具创新力和综合素质的专业人才提供了有力支持。

（二）职业教育智慧教学框架中的艺术元素

职业教育智慧教学框架中融入艺术元素是为了培养学生的创造力、审美观和综合素养。艺术元素在教学中的引入不仅能够激发学生的兴趣和潜能，还能够促进他们在职业领域中更全面、更富创意地发展。

艺术元素在职业教育智慧教学中发挥了激发创造力的作用。通过引入艺术元素，教学框架能够培养学生的创造性思维和想象力。艺术元素的融入使学生更容易从不同的角度思考问题，挖掘创新点，为未来职业发展提供更具创意的思维方式。

艺术元素有助于培养学生的审美观。在职业教育中，学生需要在实际工作中展现专业素养，也要具备对美感的敏感和理解。艺术元素的引入使得学生在学习过程中更加注重细节、注重美感，培养他们对事物的审美品味，从而提高他们在职业中的整体形象和专业素养。

艺术元素能够促进学生在团队协作中更好地表达和沟通。在职业教育智慧教学中，学生通常需要参与团队项目，与团队成员协作完成任务。引入艺术元素可以培养学生的表达能力和沟通技巧，他们能够更清晰地传达自己的想法，更好地与团队成员进行合作。

艺术元素的融入有助于培养学生的情感智能。在职业教育中，情感智能是一个重要的素养，它涉及学生对自己和他人的情感认知、情感管理及与他人建立积极关系的能力。艺术元素的引入使得学生在学习中更加关注情感体验，通过艺术表达来理解和表达情感，培养情感智能，学生在未来职业中更具社交技能和情感智慧。

在职业教育智慧教学中，艺术元素能够提升学生的观察力和解决问题的能力。通过艺术元素的引入，学生需要仔细观察艺术作品中的细节，理解艺术家的创意思维。这种观察和解析的能力能够帮助学生在职业领域中更加敏锐地捕捉问题和解决问题的关键，提高他们的综合素养。

职业教育智慧教学框架中融入艺术元素不仅能够激发学生的创造力、提升审美观，还有助于培养学生的团队协作能力、情感智能、观察力和解决问题的能力。这种综合素养的培养将使学生更具竞争力，更能够适应未来职业的多元化和复杂化。

三、职业教育智慧教学中的艺术教育方法与实践

（一）艺术教育方法在职业教育智慧教学中的应用

在职业教育智慧教学中，艺术教育方法的应用为学生带来了丰富的学习体验，促进了创造性思维、实际技能的培养及团队合作等方面的全面发展。这种交叉融合的教学方式使学生更好地适应职业需求，为未来参加工作做好准备。

艺术教育方法在职业教育智慧教学中注重对创造性思维的培养。通过引入艺术元素，如视觉艺术、音乐、戏剧等，教育者可以激发学生的创造性思维和想象力。在虚拟环境中，学生可以参与数字艺术创作，加深对抽象概念的理解，并在实际项目中运用创造性思维，更好地解决问题。

艺术教育方法注重对实际技能的培养。在职业教育中，学生需要具备实际操作和技能应用的能力。通过艺术教育方法的引入，如数字设计、音视频制作等，学生可以在虚拟环境中进行实际技能的模拟操作，提高实际应用技能。这样的学习方式有助于更深入地理解和掌握专业技能，提高学生在职场中的实际竞争力。

艺术教育方法注重对团队协作和沟通技能的培养。在职业领域中，团队协作和有效沟通是至关重要的能力。通过艺术项目的设计，例如合作绘画、戏剧表演等，学生在虚拟环境中进行团队合作，增强了团队协作和沟通技能。这样的教学方法有助于学生满足职业环境中的协同工作要求，提高团队合作的水平。

艺术教育方法注重对审美观和文化素养的培养。在数字化时代，艺

术元素的引入可以使学生更好地理解和欣赏美的表达形式，培养他们的审美观。通过参与虚拟展览、数字艺术创作等艺术项目，学生不仅加深了对不同文化的认识，还提高了对艺术的鉴赏力，为其在多元文化的社会中更好地融入提供了支持。

艺术教育方法在职业教育智慧教学中的应用为学生带来了更为多样和综合的学习体验。这种融合了创造性思维、实际技能培养及团队合作等多个方面的教学方式，有助于培养学生更全面的能力，提高其在职业领域中的综合素质，使其更好地满足未来的职业需求。

（二）利用艺术教育资源进行职业教育智慧教学

在职业教育的智慧教学中，充分利用艺术教育资源是一种丰富而具有创新性的途径。艺术教育资源的整合能够为学生带来多样的学习体验，培养他们的创造性思维、审美意识和实际技能，从而更好地适应未来职业领域的多变和复杂。

艺术教育资源的应用可以拓宽学生的视野。通过引入视觉艺术、表演艺术、音乐等多样性的艺术元素，学生能够全面地了解社会、文化和行业的多样性。这样的学习体验有助于培养学生的跨文化沟通能力，使其更好地适应未来职业中的跨领域合作和多元化工作环境。

艺术教育资源的融入有助于培养学生的创造性思维。通过参与艺术创作和表演活动，学生能够发挥自己的创造力，培养解决问题的能力。这种创造性思维的培养对职业领域中应对各种挑战和变化的能力具有积极影响，使学生更有创新意识和创业精神。

艺术教育资源的整合有助于培养学生的沟通和表达能力。通过参与表演、创作和展示等活动，学生能够提高口头和书面表达的能力。这对职业领域中的沟通技巧和演讲能力培养具有直接帮助，使学生更好地满足未来职业环境中的社交和交流需求。

在智慧教学的框架下，艺术教育资源的应用可以通过虚拟技术和在线平台实现更好的整合。虚拟现实和增强现实技术的应用，使学生能够在虚拟环境中进行艺术创作和演绎，增强实践操作的体验。在线平台的运用可以为学生提供更广泛的学习资源，拓宽他们的学科视野，实现艺术教育资源的个性化传递。

艺术教育资源的应用有助于培养学生的团队协作精神。在艺术创作过程中，学生往往需要与他人合作，共同完成项目。这样的团队协作经验有助于培养学生的团队合作和领导力，使他们更好地适应未来职业中的团队工作与合作环境。

艺术教育资源在职业教育智慧教学中的应用为学生带来了更为综合和实践性的学习体验。通过多样性的艺术元素的引入，培养了学生的创造性思维、沟通能力和团队协作精神，为其未来职业发展奠定了更为丰富和全面的基础。

第三节 职业教育智慧教学与社会科学

一、社会科学与职业教育智慧教学的交叉领域

社会科学与职业教育智慧教学的交叉领域展现出丰富而复杂的关系，这种交叉为学生带来了更全面的学习体验，使他们更好地理解和应对现实职业中的复杂问题。社会科学的原理和方法为职业教育智慧教学提供了理论支持，并且在实际应用中，智慧教学技术可以更好地传递和实践社会科学的相关知识。

社会科学为职业教育智慧教学提供了丰富的理论基础。社会科学涵盖众多学科，如社会学、心理学、经济学等，这些学科的理论框架为理解和解释职业环境中的各种现象提供了丰富的视角。通过将社会科学理论融入职业教育智慧教学，学生能够更深刻地理解职业背后的社会、文化、心理等方面的因素，为未来实际工作提供深入的理论支持。

社会科学的调查和研究方法为职业教育智慧教学提供了实践指导。社会科学研究常常采用调查、实地观察、访谈等方法，这些方法可以被应用于职业教育智慧教学的实际操作。使用智慧教学技术可以收集学生的学习数据、反馈和行为，进行深入分析，从而更好地了解学生的学习过程和需求，为个性化学习提供实际的支持。

社会科学的实证研究成果为职业教育智慧教学提供了有力的数据支持。社会科学的研究往往以实证数据为基础，这种数据可以用来验证职业教育智慧教学的效果。收集学生在智慧教学环境中的学习成果、行为数据，可以进行量化研究，评估智慧教学的实际效果，为教学改进提供科学依据。

在职业教育智慧教学中，社会科学的角度能够帮助学生更好地理解职业伦理和社会责任。社会科学研究关注人类的行为、价值观和社会规范，通过社会科学的角度，学生可以更加深刻地理解在职业领域中涉及的伦理问题，培养对社会责任的认识，使其在未来职业中更具社会意识和道德素养。

社会科学的跨学科性质使职业教育智慧教学更全面地培养了学生的综合素养。社会科学研究涉及多个学科领域的知识，将这些知识融入职业教育智慧教学，可以促使学生跨学科地思考和解决问题。这样的综合性学习有助于培养学生更全面、更复杂的思维能力，提升其在未来职业中的适应性和竞争力。

社会科学与职业教育智慧教学形成了一个互补和丰富的交叉领域。社会科学为职业教育智慧教学提供了理论支持、实践指导、数据支持和伦理责任的角度，促使学生更好地理解和适应职业环境，培养其综合素养和职业素养，为未来的职业发展打下坚实的基础。

二、社会科学理论在职业教育智慧教学设计中的应用

在教学设计中，社会科学理论的应用是为了更好地理解学生和教学环境，以便更有效地满足学习需求并增强教学效果。社会科学理论强调人的行为、社会互动及社会结构对个体和群体的影响，运用这些理论，

教育者能够深入地洞察学生的需求和学习过程，从而优化教学设计。

社会学理论在教学设计中强调个体在社会环境中的互动，包括社会学中的交往理论、社会认知理论等。通过理解学生在社会环境中的交往和认知过程，教育者能够更好地设计教学活动，促进学生之间的互动与合作，培养他们的团队合作和社交技能。

心理学理论在教学设计中强调个体心理过程的影响，如行为主义理论、认知发展理论等。通过考虑学生的认知水平、思维方式和学习风格，教育者可以更有针对性地设计教学活动，提供适宜的学习材料和方法，以帮助学生更好地理解和应用知识。

社会建构主义理论在教学设计中强调学生通过社会互动和文化背景共同构建知识。在设计教学活动时，考虑到学生的社会和文化背景，采用更具社会交往性质的学习任务，能够帮助学生更好地理解学科知识，并促使他们将知识与实际经验相结合，形成更深层次的理解。

社会科学理论强调社会结构对个体和群体行为的影响。通过运用这一理论，教育者可以考虑学生所处的社会环境，设计更贴近实际生活的教学场景，提高学生对社会问题的敏感度，并培养他们的社会责任感。

在教学设计中，社会科学理论的应用有助于保障教育公平。通过了解社会文化差异和社会结构对学生学习的潜在影响，教育者可以更有针对性地设计教学策略，为不同背景的学生提供平等的学习机会，缩小教育差距，保障教育公平。

社会科学理论在教学设计中的应用为教育者提供了更全面的认知视角。通过理解个体在社会环境中的互动、认知过程、社会建构和社会结构对学习的影响，教育者能够更有针对性地设计教学活动，更好地满足学生的学习需求，增强教学效果。

三、职业教育智慧教学框架中的社会科学元素

在职业教育智慧教学的框架中，融入社会科学元素是一种重要的理论创新。社会科学的应用能够为学生提供更深层次的思维和理解，使他们在职业发展中更具有适应性和领导力。

社会科学的元素在职业教育中有助于培养学生的社会责任感。通过引入社会学、心理学等相关领域的知识，学生能够更深入地了解自己在社会环境的角色和责任。这有助于培养学生的公民意识和社会责任感，使他们更关注职业行为的社会影响。

社会科学元素的引入有助于培养学生的团队合作精神。通过学习团队心理学和组织行为学，学生能够更好地理解团队协作的原理和方法。这种理论框架的支持有助于培养学生的团队合作技能，使他们更好地适应未来职业的团队工作环境。

社会科学元素的融入有助于培养学生的跨文化沟通能力。通过学习社会文化学和国际关系等领域的知识，学生能够更好地理解不同文化背景下的职业行为差异。这种跨文化的理解有助于学生更好地适应全球化的职业环境，增强其国际竞争力。

在智慧教学的框架下，社会科学元素的引入可以通过大数据分析更好地支持个性化教学。通过分析学生的社会科学学科偏好和学习风格，教育者能够更有针对性地设计教学内容，满足不同学生的学习需求。这种个性化的教学支持使学生更好地理解社会科学的理论，并将其运用于实际的职业实践。

社会科学的理论框架可以通过虚拟现实和增强现实技术更好地整合到智慧教学中。通过这些技术，学生可以在虚拟环境中进行社会科学实验和模拟场景，加深对理论的理解。这样的沉浸式学习体验有助于抽象的社会科学理论更具体和贴近实际。

在职业教育智慧教学的框架中融入社会科学元素为学生带来了更为深刻和全面的学习体验。通过社会科学的理论框架，学生不仅能够更好地理解社会和组织的运作规律，还能够培养社会责任感、团队合作和跨文化沟通等关键能力。这种整合为学生未来职业的发展提供了有力的支持。

四、社会科学研究方法在职业教育智慧教学中的应用

社会科学研究方法在职业教育智慧教学中的应用具有深远而实际的意义。这种方法不仅有助于教育者深入理解学生的学习行为和需求，还能够

为教育者提供科学的指导，从而更好地实施智慧教学，增强教学效果。

社会科学研究方法在教学中的应用强调了对学生行为的观察和分析。通过在智慧教学环境中收集学生的学习行为数据，教育者能够更好地了解学生的学习过程、偏好和难点。这种观察和分析的方法有助于个性化教学的实施，教育者能够根据学生的实际情况调整教学策略，提供更有效的学习支持。

社会科学研究方法的应用侧重于调查和实地研究。通过在职业教育智慧教学中进行调查，教育者可以获取学生对教学内容和方法的反馈，了解学生的学习需求和兴趣。同时，实地研究可以深入挖掘学生在实际学习环境中的表现，为教育者提供更具体、可操作的数据，有助于教育者和优化教学设计。

社会科学研究方法注重定量和定性研究的结合。在职业教育智慧教学中，通过收集学生的学业成绩、学习行为数据等定量信息，进行量化研究，评估教学效果。与此同时，通过深入访谈、焦点小组等方式，进行定性研究，更全面地了解学生的态度、观念和体验。定量与定性研究的结合有助于形成更全面的教学评估，为优化教学提供多角度的参考。

社会科学研究方法强调实证研究的重要性。在职业教育智慧教学中，通过实证研究，教育者能够基于真实的学习数据和实际效果，得出科学的结论。这种基于实证的方法可以帮助教育者更准确地评估教学的有效性，为决策提供科学支持。

在社会科学研究方法的应用中，重视横向研究和纵向研究的结合。横向研究可以对不同学生群体在同一时间点的学习情况进行比较，揭示不同因素对学习的影响；纵向研究可以追踪学生在学习过程中的变化，更深入地理解学生的发展轨迹，为个性化教学提供更精准的指导。

社会科学研究方法在职业教育智慧教学中的应用强调了研究的参与性。通过与学生、教育者和其他相关利益方的密切合作，研究者能够更好地了解实际问题和需求，提高研究的实用性和适用性，为教学实践提供更有针对性的建议。

社会科学研究方法在职业教育智慧教学中的应用为教育者提供了深

刻的洞察力和科学的教学指导。通过观察、调查、定量和定性研究的结合，以及横向研究和纵向研究的综合应用，社会科学方法使得教育者更全面、更深入地了解学生的学习状况，为智慧教学的不断优化提供可靠的数据支持。

五、利用社会科学资源进行职业教育智慧教学

在职业教育智慧教学中，充分利用社会科学资源是实现高效教学的关键。社会科学方法与实践的整合为学生提供了更丰富、实用且具有深度的学习体验。以下是关于如何在职业教育中运用社会科学资源进行智慧教学的论述。

社会科学资源的应用可以通过案例研究来加深学生对实际职业情境的理解。通过引入真实案例，学生能够在虚拟环境中模拟应对各种职业挑战的情景，从而提高他们解决问题、作出决策的能力。社会科学资源的案例分析有助于学生更全面地理解专业领域的实践问题，并培养他们的实际操作技能。

社会科学资源的利用可以通过社会调查与数据分析的方式来加深学生对职业环境的认识。通过收集和分析实际社会数据，学生可以更好地了解行业趋势、市场需求及职业发展方向。这种实证研究的方法不仅能够让学生在理论层面上有所收获，还能培养他们的数据分析和决策能力。

社会科学资源的运用可以通过模拟社会互动的方式来加强学生的团队协作和沟通技能。例如，通过虚拟团队项目、在线讨论等方式，学生能够在数字化环境中合作解决实际问题，提高团队协作和沟通技能。社会科学资源的运用使得学生在模拟的社会环境中更好地满足未来职业中的合作与沟通要求。

社会科学资源的整合可以通过社交媒体等平台进行行业交流和专业合作。通过参与社会网络，学生可以获取实际职业领域的最新信息、建立专业联系，并分享实践经验。这种社交媒体的应用能够培养学生在数字化时代的社交技能，拓展他们的职业人际关系。

社会科学资源的应用可以通过参与实地实习和行业研究项目来丰富学生的实际工作经验。通过在真实工作环境中实践，学生能够将所学知识应用于实际工作，深化对职业的理解。这种实地实习和项目参与的方式能够使学生更好地满足职业领域的实际要求，为未来的职业生涯做好充分准备。

职业教育的智慧教学通过充分利用社会科学资源，提供了更丰富、实用和深度的学习体验。社会科学方法与实践的整合为学生提供了更为真实的职业情境模拟、实际调研和团队协作的机会，有助于培养学生更全面的职业素养，提高其在职业领域中的竞争力。

第四节 职业教育智慧教学的跨学科合作

一、跨学科合作的概念与背景

跨学科合作是指不同学科领域的专家和学者在共同的问题、挑战或主题上进行协作和交流的一种合作模式。这一概念源于对复杂问题的需求，追求通过整合不同学科的知识和方法，共同寻找更全面、深刻的解决方案。跨学科合作源于社会、科技和经济的发展趋势，对全面发展人才的需求，以及对解决复杂问题的迫切需求。

在当今社会，知识的快速增长和科技的飞速发展使得单一学科难以应对日益复杂和多样化的问题，跨学科合作成为必然选择。将不同学科的专业知识、方法和工具整合在一起，能够更全面、深入地理解和解决问题，推动科学研究和创新发展。

在教育领域，对综合素质的需求促进了跨学科合作的兴起。传统的学科教育难以培养学生全面发展的能力，跨学科合作提供了一个整合知识、培养综合素质的途径。学生能够通过参与跨学科合作的项目，更好地理解知识的联系，培养批判性思维和解决问题的能力。

在科技和产业的快速发展下，职业领域也需要跨学科合作。单一学科的专业人才往往无法胜任复杂的职业任务，需要具备跨学科能力。跨学科合作在职业教育中变得越发重要。模拟真实的职业场景，将不同学科的知识和技能整合到教学中，能够更好地培养学生适应职业领域跨学科满足的能力。

二、职业教育智慧教学中的跨学科合作模式

职业教育智慧教学中的跨学科合作模式是一种有效的教学策略，它通过整合不同学科的知识和技能，促进学生的全面发展。跨学科合作强调学科之间的相互关联，使学生在解决实际问题时更全面地运用各学科的知识。在职业教育智慧教学中，跨学科合作与先进的信息技术相结合，为学生带来更具深度和实用性的学习体验。

跨学科合作模式有助于拓宽学生的知识视野。通过将不同学科的知识融合在一起，学生能够更全面地理解问题的多个方面。这有助于培养学生的跨学科思维，使他们在未来职业中更好地应对复杂多变的情境。

跨学科合作强调实际问题的解决，提升了学生的实践能力。在职业教育智慧教学中，通过与不同学科领域的专业人士合作，学生可以参与真实的项目和任务，将所学的理论知识应用于实际。这种实践性的学习模式有助于培养学生解决问题的能力和创新能力。

跨学科合作模式培养了学生的团队合作和沟通能力。在实际项目中，学生需要与来自不同学科背景的同学协作，共同解决问题。这样的合作模式不仅锻炼了学生的团队协作能力，还提高了他们的沟通和交流能力，为未来职业中的团队合作奠定了基础。

跨学科合作可以促使学生更好地理解不同学科的专业术语和方法论。在与其他领域的专业人士合作的过程中，学生需要学会理解各个学科的专业术语和研究方法。这种跨学科的学习体验有助于培养学生全面的专业素养。

在职业教育智慧教学中，跨学科合作与信息技术相互融合，形成了更加智慧和高效的教学模式。通过在线协作平台、虚拟团队工具等，学生可以实时共享信息，进行远程合作，不受时间和地域的限制。这样的教学模式不仅提高了学生的学习效率，也为他们提供了更灵活的学习环境。

职业教育智慧教学中的跨学科合作模式是一种促进学生全面发展的有效教学策略。它通过整合不同学科的知识、提升学生的实践能力、培养学生的团队合作和沟通能力，为学生在未来职业中的成功打下坚实的基础。跨学科合作与信息技术相结合，为职业教育智慧教学注入了更多创新和活力，使学生能够更好地应对未来职业发展的挑战。

参考文献

［1］杜宇虹.智慧教育时代职业院校教师教学能力模型及发展策略研究［J］.黄冈职业技术学院学报，2023（5）：54-57.

［2］蒋大霞.职业教育智慧课堂发展路径研究［J］.淮南职业技术学院学报，2023（4）：116-118.

［3］云来艳.基于互联网的职业教育智慧教学体系分析［J］.集成电路应用，2023（8）：176-177.

［4］王宇，杨昕仪，高兰.人工智能赋能下的公安职业教学模式研究［J］.江苏教育研究，2023（10）：60-64.

［5］曹艳雯，崔伟慧，马彦蕾等.基于PDCA理论的高职智慧教学评价体系构建研究［J］.科学咨询（科技·管理），2023（5）：255-257.

［6］言瑞捷，吴晴."互联网+"背景下职业教育课程智慧教学探究［J］.黑龙江科学，2022（9）：126-127.

［7］黄群群.基于"PDCA"循环理论的高等职业教育智慧教学质量评价体系构建的研究［J］.安徽职业技术学院学报，2022（1）：86-90.

［8］潘妩，王婧.智慧教学视角下职业教育教学方法的探究［J］.江西电力职业技术学院学报，2022（2）：90-91.

［9］丁晴，盛靖.智慧教学模式在公安职业教育中的应用研究［J］.中国信息技术教育，2021（21）：110-112.

［10］李慧，王丽.职业教育智慧课堂构建研究［J］.职教通讯，2021（7）：104-108.

［11］洪聪孜，蔡俊杰.智慧教学视角下职业院校教学管理体系改革研究［J］.教师，2021（17）：79-80.

［12］张丽.高职院校智慧课堂教学现状与对策研究［D］.湖南农业大学，2021.

［13］郭义.职业教育课程的智慧教学研究与实践：以《MySQL数据库应用案例教程》课程为例［J］.安徽教育科研，2021（6）：77-78.

［14］赵鹏举，肖山，刘明.智慧教学技术在职业教育课堂教学的应用［J］.软件，2020（9）：226-228.

［15］任立锋，吕颖颖."互联网+"背景下职业教育课程智慧教学探索［J］.无线互联科技，2020（8）：92-93.

［16］张静，勾焕茹.基于职业教育国际合作云平台的智慧教学研究：以对外汉语教学为例［J］.石家庄职业技术学院学报，2019（6）：61-64.

［17］刘树飞.人工智能视角下职业教育智慧教学的应用路径［J］.科技创新导报，2019（24）：197，199.

［18］阮兆金."互联网+"背景下，职业教育课程智慧教学研究［J］.智库时代，2019（30）：5-7.

［19］傅文明."雨课堂"下职业教育智慧教学改革与实践［J］.教师，2019（17）：71-72.